THE REWARDS OF FASTING
by Mike Bickle & Dana Candler

Copyright © 2005 by Forerunner Books and Onething Ministries
Korean Translation Copyright © 2007 by Pure Nard
2F 16, Eonju-ro 69-gil, Gangnam-gu, Seoul, KOREA

The Korean edition is published by arrangement
with Forerunner Books and Onething Ministries.
All rights reserved.

본 저작물의 한국어판 저작권은,
Forerunner Books and Onething Ministries와의 독점 계약으로
한국어 판권은 '순전한 나드'가 소유합니다.
저작권자의 허락 없이 이 책의 일부 또는 전체를 무단 복제, 전재, 발췌하면
저작권법에 의해 처벌을 받습니다.

금식이 주는 축복

지 은 이 | 마이크 비클 & 다나 캔들러
옮 긴 이 | 유종걸 · 김영민

초판 발행 | 2007년 10월 17일
10쇄발행 | 2017년 10월 31일

펴 낸 이 | 허 철
펴 낸 곳 | 도서출판 순전한 나드
주   소 | 서울 강남구 언주로69길 16 (역삼동) 2층
등록번호 | 제2010-000128
도서문의 | 02) 574-6702
            Fax. 02) 574-9704
홈페이지 | www.purenard.co.kr
디 자 인 | 정혜인
인 쇄 처 | 예원프린팅

ISBN 978-89-91455-88-7   03230

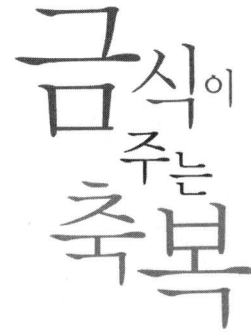

THE REWARDS OF FASTING

하나님의 능력과 사랑을 경험하라!

마이크 비클 & 다나 캔들러
유종걸 · 김영민 옮김

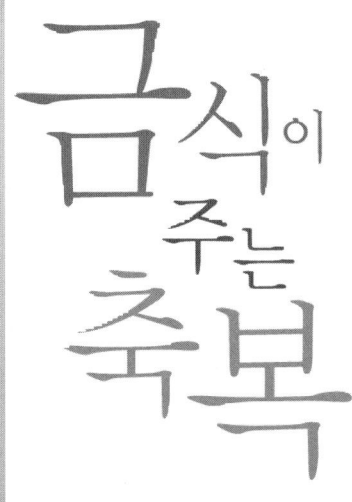

	머 리 말	6
	서 론	11
제1장	신랑이신 하나님	16
제2장	성경이 말하는 일곱 가지 형태의 금식	31
제3장	신랑을 위한 금식에 대한 이해	57
제4장	하나님께서 우리들에게 주실 모든 것을 갈망하는 것	72
제5장	금식: 자발적으로 약함을 받아들이는 것	83

제6장	금식 생활에 대한 다섯 가지 표현	101
제7장	대적의 견고한 진을 파하는 금식	122
제8장	금식 생활에 대한 다섯 가지 보상	143
제9장	금식 생활에 있어서의 일곱 가지 어려움	164
제10장	금식 생활에 있어서의 일곱 가지 위험	176
제11장	세계적인 위기에 어떻게 대응할 것인가	194
제12장	국제 금식 기도: 요엘 2장 문화를 수립하는 것	212

머리말 Foreword

　금식. 우리는 이 단어 자체에 압도되어 금식에 쉽게 접근하기가 힘들어 보인다. 그러나 금식을 생각할 때 여러분의 등줄기가 서늘한 기분이 든다 하더라도, 나는 여러분 모두에게 이 책에서 발견하게 될 금식의 실재 속으로 뛰어들어 보라고 권하고 싶다. 이 책의 각 페이지에는 금식과 관련하여 알고 있어야 할 사실과 발견된 신비들이 담겨있다. "금식이 주는 축복"이라는 이 책은 우리가 살고 있는 이 시대 가운데 상실되어 버린 부분에 대한 영광을 재현해 낼 수 있는 실제적인 길을 제시해 주고 있다.
　자발적인 희생이라는 개념은 오락과 욕구충족, 그리고 쾌락에 젖은 우리의 문화 속에서는 쉽게 발견되지 않는다. 특히, 젊은 청년들은 지속적으로 쾌락을 추구하려고 한다. 우리는 모든 것을 가지고 있고 어떤 것이든 마음대로 할 수 있다. 그러나 그 가망들이 회오리바람과 같이 지나가면 환멸과 불만족만이 남게 된다. 우리는 이 불만족 속에서 또 다른 "가장 좋은 것"을 향해 달려가게 되고, 그 결과 더 큰 불만족을 느끼며, 또 다시 열심을 내어 다른 것을 찾아가게 된다. 우리는 편안함과 안락함의 시대 속에 침잠해 버려, 그리스도인의 삶에 대한 몇 가지의 기초적인 원칙들을 잃어버렸다. 우리가 잃어버린 이러한 원칙들 중의 하나가 바로 금식이다.

금식을 생활화하는 것, 단 한 번의 금식도 때로는 "급진적인" 것으로 여겨지기도 하지만, 나는 그렇게 생각하지 않는다. 금식은 기독교 개론과 같은 것이다. 금식은 급진주의자들만을 위한 것이 아니다. 또한 극단주의자들만을 위한 것도 아니다. 성인과 같은 종교인만을 위한 것도 아니다. 사실 금식은 연약함과 비천함을 드러내는 것이다. 우리의 욕망과 기본적인 욕구를 부정함으로써 인간의 정체성과 연약성에 대해 더 잘 깨닫게 되는 것이다. 우리들이 얼마나 덧없는 지와 함께 하나님이 얼마나 위대하신지를 깨닫게 되는 것이다. 금식 기간에 우리는 우리의 본성을 파악하게 되고, 우리의 근원자의 끝없는 무한하심을 다시 한 번 기억하게 된다.

그러므로 금식은 강한 자들을 위한 것도, 굳건한 자들을 위한 것도, 완전한 자들을 위한 것도 아니다. 금식이란 자신의 부족함을 깨닫고 하나님을 더욱 더 간절하게 필요로 하는 지극히 평범하고 연약하고 깨어지기 쉬운 보통 사람들을 위한 것이다. 금식은 사실 약간 독특하다. 하나님 자신을 더 많이 받아들이기 위해서 음식과 유흥을 절제하는 일과 우리의 심령과 마음을 어느 정도 열어놓을 수 있는지에 대한 상관관계를 우리의 자연적인 이성으로 이해할 수는 없지만, 이를 통해 하나님의 나라가 건설되는 것은 확실하다. 하나님께서는 왜 이런 방법을 고안해 놓으셨을까? 하나님의 본질과 성품은 이러한 질문을 통하여 드러나게 되므로, 이 책을 읽는 동안, 여러분 자신에게 동일한 질문을 해 보실 것을 권한다. 금식을 이해해가면서 질문을 해본다면, 하나님께서는 신비의 한 부분을 계시하시면서, 이제까지 접근할 수 없었던 삶의 방식을 깨달을 수 있도록 여러분을 더 잘 이끌어 주실 것이다.

이것이 우리의 영광이다! 현재 우리를 둘러싸고 있는 덧없는 세상의 쾌락을 향하여 "아니오"라고 말하는 것은 우리의 영광이다. 하나님은 우리에게 모든 덜 중요한 것보다 영원한 것을 바라봄으로 하나님을 선택하는 기회를 주셨다. 금식은 우리 스스로 음식을 부정하는 것 이상의 일이다. 육신적인 배고픔 중에도 금식을 하게 되면, 우리는 진실로 하나님을 더 경험하게 된다. 먹지 않아서 육체적으로 연약하게 되면, 우리는 하나님과 하나님의 일에 더 민감하게 된다. 더 깊은 단계에서 예수님을 경험하게 된다. 이것은 연약함을 자발적으로 선택함으로써 우리 안에 그리스도를 훨씬 더 충만하게 하는 것이다. 금식이란 다른 방법으로는 얻을 수 없는 계시와 만남에 이르는 길이다.

나는 여러분에게 이런 여행을 시작해 보라고 권하고 싶다. 어떤 분은 금식을 여러분의 삶의 한 부분으로 오랜 동안 지속해 왔을지도 모른다. 어떤 분은 한두 번 금식을 시도했다가 실패했을지도 모른다. 어떤 분은 금식이란 말을 전혀 들어보지 못했을지도 모른다. 어찌되었든, 지금까지의 여러분의 모습에 나는 찬사를 보낸다. 여러분이 금식에 대해 흥미를 갖고 있다는 단순한 사실만으로도 여러분이 하나님을 향한 굶주림을 갖고 있다는 표시이다. 여러분을 위해 하나님께서 예비해 두신 충만함 속으로 발걸음을 옮길 때, 하나님께서 여러분을 어디로 인도하실지, 무엇을 열어주실지 기대되는 마음이다.

우리는 모두 동일한 처지에 놓여 있다. 우리는 모두 깨어져 있고 모두 연약하다. 우리는 모두 하나님을 온 맘으로 간절히 원한다. 하나님께 말씀드리라. 무엇을 위해, 그리고 어떻게 금식해야 할지에 대해서 하나님께 물어보라. 그러다 보면, 하나님께서는 당신이 그저 하나님을 더 많이 원하는 그 자체를 좋아하신다는 것을 깨닫게 될 것이고, 하나님의 은혜를 더 구하게 될 것이다. 금식은 겁낼 일이 아니다. 그것은 그리스도인의 삶의 양식이다. 이것은 모든 신자들이 가져야 할 실질적인 삶의 훈련이다. 금식은 우리가 생각하는 것처럼 그렇게 어렵지 않다. 보통의 평범하고 연약하고, 피자를 좋아하는 이십 대의 사람이라도 금식을 할 수 있다. 우리 모두는 금식하는 삶의 양식을 시작할 수 있다. 여러분은 금식이 여러분의 삶속에 엄청난 차이를 가져다주는 것을 확실히 보게 될 것이다.

이 책은 "한 가지 실제(Onething Reality)"라는 시리즈 도서의 한 부분이다. "한 가지 실제"라는 도서 시리즈는, 하나님 안에 있는 모든 그리스도인의 삶에 필수가 되고 "한 가지 사역(Onething Ministries)"의 핵심적인 실제가 되는 주제들에 대한 성경의 기본적인 가르침을 제공하는 것을 목적으로 하고 있다. "국제 기도의 집 선교 본부"가 제공하는 사역의 일환으로, "한 가지 사역"은 "캔자스시티 국제 기도의 집"이 갖고 있는 핵심적인 가치와 실제를 동일하게 공유하면서, 그리스도의 몸과 함께 이러한 핵심적인 가치를 공유하기 위한 하나의 수단으로, "한 가지 실제(Onething Reality)"라는 도서를 출간하고 있다.

나는 여러분이 본서를 읽는 동안에 "금식하는 삶의 양식"에 의해 감동과 위로를 받게 되길 기도한다. 금식이란 하나님의 능력, 사랑, 애정 그리고 더 깊은 경험과 계시를 우리에게 주시려는 하나님의 선물인 것을 당신이 알게 되길 기도한다.

미주리주, 캔자스시티
국제 기도의 집 선교 본부
'한 가지 사역(Onething Ministries)' 담당 이사(理事)
드웨인 로버츠 (Dwayne Roberts)

서론 Introduction

　　지금 지구상에 살고 있는 사람들 중에 예수님의 재림을 볼 사람들이 있다고 나는 믿는다. 예수님께서 재림하는 날이나 시간을 알고 있는 사람은 아무도 없지만, 예수님이 재림하는 시절을 분별할 수 있는 안목이 우리에게 있어야 한다고 성경은 말씀하고 있다(살전 5:1-6). 예수님은 10년이 지나 재림할지도 모르고, 아니면 50년이 걸릴지도 모른다. 10년보다는 50년에 더 가까울 것이라고 나는 생각하지만, 실제의 연수와는 상관없이, 우리가 마지막 세대의 시작 부분에 서 있다고 나는 믿는다. 성경에는 예수님의 재림을 보게 될 세대에 대한 상당한 양의 예언의 말씀들이 계시되어 있다. 그 때가 되면 하나님은 자신의 영광을 쏟아 부으실 것이며, 또한 전례가 없는 심판을 행하실 것이다. 사단의 분노와 인간들의 가속화된 죄악, 그리고 하나님의 심판 때문에 찢겨진 세상 가운데서도, 예수님은 자신의 교회를 향한 열심을 가지고 교회를 승리의 길로 인도하실 것이다.

영광과 심판의 날을 위해, 성령께서는 지금 그리스도의 몸, 즉 그리스도의 신부를 예비하고 계신다. 주님께서는 자신의 재림에 맞추어 교회가 준비될 수 있도록 아주 철저하게 교회를 변화시킬 것이다! 우리의 마음이 새로워지고, 하나님의 원래 목적에 맞는 자로 우리가 변화되어감에 따라, 오늘날의 서구 교회는 극적인 변화를 겪게 될 것이다.

하나님께서 장차 드러내실 것의 충만함을 경험하려면 우리가 어떻게 준비되어야 할까? 성령께서 신약의 교회에 나타난 것과 똑같은 친밀함과 능력 속으로 우리를 이끄실 때, 우리는 어떻게 성령과 협력해야 할까? 1세기의 성도뿐 아니라 그 시대의 교회에 있었던 것과 같이, 소위 국제 기도의 집에서 "금식하는 삶의 양식"이라고 부르는 삶은 친밀함과 능력을 가져다주는 과정에 필수사항이 될 것이다.

금식의 사전적인 정의는 음식을 금하는 것이다. 그러나 우리가 추구하는 금식은 단순히 우리 자신의 육체적인 영양 공급을 중단하는 것 이상의 의미를 가지고 있다. 우리의 갈망은 신랑되신 예수님을 만날 수 있도록 우리의 마음을 가다듬는 것이다. 때로는 역사적으로, 하나님의 호의와 관심을 얻어내기 위한 잘못된 목적으로 금식했던 사람들도 있었다. 그러나 하나님을 우리 마음대로 할 수는 없다. 우리는 하나님을 향한 우리의 헌신을 증명하기 위해 극단적인 자기비하의 행위를 하기도 하지만, 이것은 하나님께서 원하시는 것이 아니다. 하나님께서 기뻐하시는 것은 우리가 순종하며 그분과의 친밀함을 추구하는 것이다. 금식보다도 중요한 것은 우리가 그분의 뜻을 행하는 데 있다. 주님은 사무엘 선지자를 통하여, 하나님께 순종하는 것이 특별한 제사를 드리는 것보다 낫다고 말씀하셨다(삼상 15:22-23).

그러면, 우리는 이렇게 급박한 시대에 금식에 대해서 어떻게 접근해야 할까? 우리의 금식은 목적 그 자체보다 목적을 위한 수단이 되어야 한다. 우리는 하나님께 무엇을 증명하거나 하나님의 사랑을 얻기 위하여 금식해서는 안 된다. 동방 종교의 금식은 종교 추종자들이 금식 자체에 매달려서 신의 축복을 얻고자 하지만, 성경에서의 금식은 하나님과 그분의 뜻을 추구하기 위한 능력을 얻고자 하는 것이다.

정기적인 금식은 일반적인 그리스도인의 삶의 한 부분이다. 금식은 기독교 기초과정처럼 기본적인 것이다. 마태복음 6:16에서, 예수님이 "너희가 금식할 때"("너희가 금식하려면"이 아니고)라고 하신 것은, 금식이 제자들의 삶에 일상적으로 행해졌던 것임을 의미한다. 예수님은 올바른 생각을 가지고 금식하는 사람들에게 하나님께서 공개적으로 보상해 주실 것이라고 말씀하셨다(마 6:18). 금식이란 주님의 음성과 말씀에 대한 우리의 이해력을 상당히 키워주는 은혜의 한 부분이다. 금식은 하나님과 우리의 관계를 일반적으로 경험하는 것 이상의 깊이로 들어가도록 한다. 우리는 하나님과 더 친밀하고 깊이 만나기 위해, 그리고 세상을 변화시키기 위해 금식을 한다.

이사야 58장에서, 하나님은 금식의 목적을 다음과 같이 정하셨다:
1) 우리의 삶에 있는 악의 결박을 풀기 위해

2) 다른 사람에게 있는 멍에의 줄을 풀어주기 위해

3) 성령의 기름 부으심으로 압제 당하는 자를 자유롭게 하기 위해

4) 종교의 영에 의한 모든 멍에를 꺾기 위해

5) 주린 자에게 양식을 나눠 주고, 가난한 자에게 거할 집을 제공해 주기 위해

6) 하나님의 말씀에 있는 계시의 빛이 새벽같이 우리에게 비춰게 하기 위해

7) 우리의 정서적인 건강과 육체적인 건강이 급속히 치유되게 하기 위해

8) 공의가 우리의 싸우는 현장에 드러나게 하기 위해

9) 여호와의 영광과 능력이 우리의 사역에서 드러나게 하기 위해.

나는 신자들에게 일주일에 적어도 하루는 금식하라고 권한다. 일주일에 이틀을 금식하면 더 좋다. 대부분의 사람들에게 이 정도는 좋을 것이다. 우리를 향하여 불타는 열망과 뜨거운 애정을 가지신 신랑이신 예수님에 대한 더 많은 계시가 우리에게는 절실하게 필요하다. 신부의 패러다임이라는 진리 속에서 살아갈 때, 우리는 예수님에 대한 갈망으로 인하여 금식하게 된다. 예수님은 바리새인들에게, 신랑이 제자들로부터 빼앗길 날이 이를 것인데, 그 때에는 신랑에 대한 갈망 때문에 제자들이 금식하게 될 것이라고 말씀하셨다(마 9:15). 예수님이 죽으시고 부활하신 이후 하늘로 오르셨을 때, 예수님은 성경에 언급한 대로 떠나가셨다. 그리스도의 신부는 그리스도께서 오심, 즉 그분의 재림을 갈망하게 되는데, 금식은 이러한 갈망에 대한 우리 마음의 표현이다.

이 책이 금식에 대한 훈련과 은혜 그리고 기쁨을 붙잡는데 도움이 되

어 하늘에 계신 우리의 신랑이신 하나님께서 여러분을 위해 예비해 두신 모든 것을 충만하게 맛볼 수 있기를 소망한다.

미주리주, 캔자스시티
국제기도의 집(IHOP) 선교본부 이사
마이크 비클 (Mike Bickle)

제1장 신랑이신 하나님
The Bridegroom God

    몇 년 전만 해도, 성도들의 모임에서 금식에 대해 얘기하면 대화도 되지 않고 그 반응도 전반적으로 답답했던 것을 여러분은 기억하실 것이다. 금식은 부차적인 주제로 분류되어, 그리스도인의 훈련의 수많은 과정 중 하나의 선택으로 인식되어 왔다. 그러나 요즈음 나는 금식에 대한 이러한 소극적인 반응들이 그리스도인들 사이에서 사라져가는 것을 보고 있다. 영적으로 메말라있다는 인식이 그리스도의 몸에 생기면서 영적 배고픔에 대한 필사적인 몸부림이 증가되고 있다. 하나님의 사랑과 권능을 끌어들여야 할 강력한 필요가 우리에게 있다. 그 결과, 금식에 대한 열망뿐 아니라, 금식을 삶의 양식으로 삼는 경우도 늘어나고 있다.

금식에 대한 이러한 새로운 관심은 그리스도의 몸을 향한 하나님의 선물이다. 마지막 때의 임박한 영광과 위기에 대처하도록 교회를 준비시키는 하나님을 향한 헌신의 한 부분이다. 우리가 기꺼운 마음으로 이렇게 응답하는 것은 우리 가운데 확실히 하나님의 역사가 있기 때문이다. 그리고 이러한 응답은 하나님의 말씀에 제대로 합치되어야 한다. 하나님 아버지는 금식에 대해 보상하신다는 점을 예수님은 담대하게 강조하셨다(마 6:17, 18). 이렇게 선포하신 것만으로도 예수님의 참된 제자들은 금식의 중요성을 인정하게 되었다. 금식은 부차적인 것이 아니다. 금식의 은혜는 결코 소홀히 다루어져서는 안 된다.

금식 자체와 금식의 삶을 사는 것에는 긴장 관계가 있을 수 있다. 하나님이 금식을 보상하신다고 하지만, 금식을 함으로 우리에게 하나님의 보상을 받을 만한 가치나 자격이 생기는 것은 아니다. 하나님의 은총이나 보상을 받을 만한 가치가 결코 없는 연약한 인간임에도 불구하고, 그저 받게 되는 것뿐이다. 하나님의 무한하신 선하심 앞에 우리 자신을 내어 놓는 금식이라는 은혜에 우리는 자신을 맡기면 된다. 하나님은 우리의 삶을 수많은 보상들로 -우리의 심령이 하나님을 만나게 되는 내적인 보상, 우리의 환경이 하나님의 권능으로 변화되는 외적인 보상- 넘치게 하고 싶어 하신다. 금식과 같은 영원한 것은 우리의 영원한 상급이 된다.

정기적으로 금식하는 사람들에게 주시는 아버지 하나님의 보상은 진실로 엄청나다. 현재도 아버지께서 신약성경의 기도와 금식이라는 삶의 양식에 "예"로 응답하는 전 세계의 신자들의 심령을 준비시키시는 이유가 바로 여기에 있다. 아버지 하나님은 우리로 하여금 우리의 신랑이신 예수님의 애정을 경험할 수 있도록 우리를 준비시켜 주신다. 우리가 하나님의 영광을 더 경험하게 되는 정도는 금식의 은혜를 붙드는 것과 깊은 관계가 있다.

우리의 딜레마:
우리에게는 하나님의 사랑에 대한 경험이 필요하다
Our Dilemma: We need to Experience God's Love

인간의 마음 깊은 곳에는 사랑과 소중히 여김을 받고 싶은 욕구가 자리잡고 있다. 하나님은 우리의 영혼이 사랑을 받고, 또한 사랑하며 살도록 만들어 놓았기 때문에, 우리는 외로움을 느끼거나 거절을 당하면 아주 심한 아픔을 느끼게 된다. 수용 받고 싶은 갈망과 사랑하는 아픔은 우리의 삶을 이끌어가는 중요한 힘 중의 하나이다. 그런데, 우리에게는 강력한 딜레마가 있다. 그것은, 사랑에 대한 우리의 욕구가 진실이고, 또 우리를 향한 하나님의 사랑과 수용에 고무되도록 우리의 본성을 만들어 놓으셨어도, 이러한 사랑을 인식하는 것과 실제로 그 사랑을 경험하는 것 사이에는 거리감이 있다는 것이다. 믿거나 말거나, 우리의 마음으로 하여금 하나님의 애정과 사랑을 경험할 수 있게 해주는 가장 실제적인 방법 중의 하나가 바로 금식이라고 할 수 있다. 대부분의 사람들은 금식을 전통적으로 위기를 벗어나기 위해 행하는 영적인 훈련이나 하나님 앞에 보여드리는 회개의 모습 정도로 생각한다. 그러나 하나님이 우리에게 금식의 은혜를 주신 주요한 이유 중의 하나는 그 사랑의 상급을 경험하기 위해서 사랑과 능력으로 행하여야만 하기 때문이다.

우리를 향한 하나님의 사랑을 아는 것과 그 사랑을 실제적으로 경험하는 것 사이에는 차이가 있다. 우리는 하나님께서 어떻게 우리를 대하시느냐 보다는, 사람들이 우리를 대우하는 방식에 토대를 두고 거짓된 정체성에 따라 살아가고 있다. 우리 자신에 대한 사고와 감정은 우리가 존경하는 사람들의 의견에 의해 크게 영향을 받는다. 우리가 태어난 후 부터 인식하게 되는 개인적인 정체성과 가치는 부모와 친구 그리고 지인들이 생각하는 것에 따라 형성된다. 그러나 창조주만이 우리가 창조된 목적을 완전히 아시는 유일한 분이시다. 하나님이 우리를 얼마나 사랑하시는지를 계시해 주심으로 우리는 우리가 진정 누구인지 알게 된다. 우리를 향한 하나님의 애정을 믿는 믿음의 정도에 따라 자신에 대한 느낌, 삶에 대한 접근 방법, 타인과 소통하는 태도, 그리고 난관이나 어려움에 대처하는 자세가 결정된다. 하나님이 우리에게 원하시는 바는, 우리에 대한 하나님의 사랑을 아는 지식 위에 우리의 정체성과 자존감이 뿌리를 내리고 그 터를 잡는 것이다(엡 3:17-18). 바로 이 터에서 우리의 마음이 살아나게 되는 것이다!

예수님은 왜 우리를 향하여 떨리는 마음을 갖고 계시는 것일까? 십자가로 가시기 전, 마지막 설교를 통해(마 22:1-4), 예수님은 불타고 있는 자신의 속마음을 보여 주셨다. 예수님께서는 하나님 나라를 결혼식에 비유하시면서, 아버지를 자신의 아들을 위해 영광스러운 결혼식을 준비하시는 분으로 묘사하셨다. 이것이 바로 하나님 나라에 대한 가장 고귀한 계시이다. 이 계시에는 예수님이 우리의 신랑 하나님으로, 또 우리는 그의 귀중한 신부로 등장한다. 하나님의 사랑을 우리가 체험함에 있어서 괴리감이 없어지고 딜레마가 사라지게 되는 것은 바로 이러한 계시를 마음 속에 받아들이고 간직함으로써 가능하게 된다. 그러므로 이러한 계시가 우리 안에 뿌리 내리도록 우리의 마음과 삶을 바로 잡아야만, 우리는 예수님을 우리의 신랑되신 하나님으로 만날 수 있다.

신부로서의 교회의 정체성
The Church's Bridal Identity

시대의 마지막에 성령과 신부가 "주 예수여 오시옵소서"라고 외치게 될 때가 올 것이라고 사도 요한은 예언했다(계 22:17). 이것은 말세의 교회가 경험하게 될 일들을 설명해 놓은 가장 중요한 예언 중의 하나이다. 성령께서는 열정적인 신랑이신 예수님과 귀중한 신부인 교회의 정체성에 대한 소식을 외치실 것이다. 예수님의 재림에 앞서 성령께서 최후로 강조하시는 말씀은 예수님과 신부 사이에 있어야 할 친밀한 관계에 대한 것이다. 그날에는 성령이 말씀하시고 행하시는 바에 따라 교회도 말하고 행함으로써 교회는 성령과 깊은 연합을 맺게 될 것이라고 요한은 설명하고 있다. 성령께서는 교회 정체성의 핵심을 계시하게 되실 것이다. 교회가 단순히 "교회"라고 불리기보다는, "신부"로서의 정체성을 완전히 취하여 신랑이 "오시는 것," 즉 재림을 고대하는 신부가 되는 일에 전적으로 참여하게 될 것이다.

이와 같은 최종적인 예언에는 다가오는 미래에 있을 성령의 주요 활동뿐 아니라, 교회 내부적으로 또는 교회를 통하여 일어날 세 가지의 핵심적인 일들이 계시되어 있다. 첫째로, 교회는 성령으로 기름 부으심을 받게 될 것이다. 성령은 엄청난 권능과 계시로 교회 위에 머무르실 것이다. 두 번째, 교회는 "주 예수여 오시옵소서"라고 외치면서 중보기도에 깊숙이 들어가게 될 것이다. 세 번째, 교회는 신부로서의 정체성을 갖고 스스로를 세워갈 것이다. 그렇다. 우리의 신분은 현재나 미래나 늘 주님의 군대이자, 가족이며, 몸이고, 나라이며, 아들과 딸 등등 아주 다양하다. 그러나 우리는 지금 역사상 처음으로 성령께서 예수님의 신부인 교회로서의 영적인 정체성을 강조하시게 되는 시대에 접어들고 있다. 우리는 보통 이러한 진리들을 하나님 나라의 "신부 패러다임"이라고 부른다.

하나님 나라의 신부 패러다임
The Bridal Paradigm of the Kingdom of God

"패러다임"(paradigm)이라는 말은 시각 또는 견해라는 뜻을 갖고 있다. "신부 패러다임"이란 충성스럽게 전심으로 헌신하는 사랑을 갖고 있는 신부의 눈으로 하나님 나라를 보는 것이다. 그것은 하나님 나라에 대한 "신부의 시각"이다.

그리스도의 신부가 된다는 것은 남성 혹은 여성에 관한 것이 아니라, 어떠한 천사도 누릴 수 없는, 말로 설명할 수 없는 특권을 지닌 지위가 모든 신자에게 주어진다는 것이다. 그것은 우리를 향한 하나님의 애정과 소원을 경험하게 하는 초대와도 같다. 하나님의 아들인 우리에게는 하나님의 권능의 상속자로서 하나님의 보좌를 경험할 수 있는 지위가 부여되어 있다(계 3:21; 롬 8:17). 그리스도의 신부로서 우리는 하나님의 심장, 즉 우리를 향한 하나님의 감정과 애정, 그리고 소원을 알 수 있는 위치에 있다.

여자들이 하나님의 아들인 것처럼, 남자들도 그리스도의 신부인 것이다. 이 둘 다 성별을 초월하여 하나님 앞에 설 수 있는 특권적 지위에 대해 설명해 주고 있다. 대부분의 여자 그리스도인들의 경우 하나님의 아들이 된다는 개념에 대해서 덜 여성적인 사람이 되라는 부르심으로 이해하고 있지 않기 때문에 이는 무리 없이 받아들여지고 있다. 그러나 남자들의 경우, 그리스도의 신부가 된다는 것에 대해 덜 남성적인 사람이 되라는 부르심인 것으로 오해하는 부분이 있어서 이를 받아들이는 데 어려움을 겪는다. 결혼식 예복을 입고 있는 자신들의 모습을 상상해야 한다고 생각하기 때문에, 이들은 예수님의 신부가 된다는 것에 대한 화두를 꺼내지 못한다. 그리스도의 신부가 된다는 것은 하나님의 심장과 맞닿는 친밀함의 특권을 갖는 위치에 있게 된다는 것을 의미한다.

가장 위대한 하나님의 사람들 중에는 하나님과의 친밀함으로써 신부의 정체성에 대한 기본적인 실체를 경험한 자들이 있다. 다윗 왕은 이스라엘의 가장 위대한 전사였지만, 자기 자신을 향한 하나님의 소원에 기뻐 어찌할 줄 몰랐던, 하나님의 아름다움에 사로잡힌, 사랑에 굶주린 예배자였다(시 27:4). "하나님의 마음에 합한 사람"이라는 말은 다윗이 하나님의 마음의 감동을 아는 자였다는 뜻이다.

예수님은 사도 요한을 그의 불같은 성격 때문에 "우뢰의 아들"이라고 불렀다(막 3:17). 요한은 사마리아 성에 불을 내리도록 명하고 싶었던 사람이었다(눅 9:54). 요한은 거칠고 우락부락한 남자였지만, 그는 스스로를 어떻게 평가했는지에 대해서 성경은 보여주고 있다. 다섯 번이나 요한은 스스로를 '예수님이 사랑하시는 제자'라고 표현했다(요 13:23; 19:26; 20:2; 21:7; 21:20). 요한이 가장 중요하게 생각했던 것은 주님의 가슴에 머리를 기대고 있었던 그 자신의 모습이었음을 우리는 쉽게 알 수 있다 (요 21:20).

세례(침례) 요한은 메뚜기를 먹고 약대 털옷을 입고서, "독사의 자식들아"라는 격한 칭호로 바리새인들을 불렀다. 예수님의 말씀에 의하면 그는 "여자가 낳은 자 중에 가장 위대한 자"였다(마 11:11). 이 강력한 선지자에게 권능을 입혀준 것은, 신랑이신 예수님에 대해 받은 계시 때문이었다. 요한은 신랑의 음성을 듣고(요 3:29) 그로 인해 자기 마음이 기쁨을 이기지 못했다고 했다.

다윗 왕이나 사도 요한, 그리고 세례(침례) 요한 등 이들 모두는 하나님과의 깊은 친밀함 속에서 생활하였다. 그런 삶의 방식을 통하여 그들은 그리스도의 신부가 된다는 것의 핵심적이고 실제적인 의미를 경험하였던 것이다. 이들이 가졌던 하나님과의 친밀함 때문에, 이들의 남성적인 성향이 망가졌다기 보다는 오히려 강화되고 확고해졌다. 우리가 예수님을 열정적인 신랑으로 인식할 때, 우리 자신을 바라보는 우리의 시각에 큰 변화가 생긴다. 신부가 신랑에게 엄청나게 소중한 것과 마찬가지로, 우리도 신랑이신 예수님께 우리 자신이 엄청나게 소중한 존재라는 것을 인식하게 된다. 이러한 사실을 깨닫게 되면 그 결과로 우리의 마음은 예수님의 사랑에 매료당한 채 압도당하게 된다. 우리는 사랑앓이를 하게 된다. 아가서의 신랑은 두 번씩이나 하나님을 향하여 사랑앓이를 하고 있다고 말하고 있다(아 2:5; 5:8).

신랑의 메시지
The Bridegroom Message

신랑의 메시지는 하나님과의 적극적인 친밀함을 가지도록 촉구하는 것이다. 성령은 하나님의 깊은 것을 통찰하시며 그것을 우리에게 계시해 주고 계신다고 바울은 말한다(고전 2:10-12). 하나님은 우리 각 사람을 초청하셔서 하나님 마음의 깊은 것들을 경험하게 하신다. 하나님은 자신을 활짝 열어주셔서, 우리로 하여금 하나님의 정서와 소원 그리고 애정을 이해하고 느낄 수 있게 해주신다. 우리가 하나님 사랑의 깊이를 이해할 것을 바울이 강조했을 때, 그가 교회를 위해 기도했던 원리가 바로 이것이다(엡 3:18-19). 예수님이 우리에게 약속하신 내적인 보상에 대한 체험을 갖게 되는 것은, 금식이라는 은혜의 연합 속에서 조금씩 하나님의 사랑의 깊이를 발견하게 되면서 시작된다(마 6:17-18). 이러한 실체를 알아가는 동안 우리의 내면은 용기를 얻게 된다.

하나님의 사랑의 깊이란 무엇인가? 예수님의 감정은 무엇인가? 첫째, 부드러운 자비로 가득 찬 예수님에 대해 생각해 보자. 다른 말로 표현하자면, 예수님은 우리가 연약할 때에도 우리에게 온유함을 보이신다. 또한 영적으로 미성숙할 때도 예수님은 우리에게 부드러우시다. 미성숙과 반항을 혼동하는 사람들이 더러 있다. 미성숙한 사람들은, 자기들이 반항했을 때와 같은 그런 미성숙한 행동에 하나님이 분노하실 거라고 단정해 버린다. 하나님이 반항하는 것에 분노하시는 것은 당연하다. 그러나 미성숙하고 연약할지라도 하나님께 순종하기를 구하는 신실한 신자들에게 하나님은 부드러운 마음을 갖고 계신다. 우리가 연약할 때에도 하나님은 우리를 기뻐하신다. 이러한 심오한 진리를 우리는 분명히 깨달아야 한다. 다윗은 어릴 적에 하나님이 자기를 기뻐하셨기 때문에 자기를 구원하셨다고 말하고 있다(시 18:19). 시편 18편을 기록할 때의 다윗은 영적으로 성숙한 사람이 아니었다. 동일한 시편에서, 하나님의 온유하심이 자기를 크게 하셨다고 다윗은 선포하고 있다(시 18:35). 다윗은 자신이 연약하다고 해서 하나님이 자기를 거칠게 다루실 것이라고 두려워하지 않았다. 우리가 연약할 때에도 하나님은 우리를 기뻐하신다. 우리가 이미 성숙해진 때가 아니라 성숙해 가고 있을 때에도 하나님은 우리를 기뻐하신다.

둘째, 예수님의 마음은 즐거움으로 가득 차 있다. 예수님은 세상의 그 어떤 사람보다도 더 행복한 마음을 갖고 계신다. 하나님께서는 어떤 상대나 어떤 동료보다도 더 많은 기쁨의 기름을 예수님께 부어 주셨다(히 1:9). 대개, 많은 사람들이 하나님과 관계를 맺게 되면, 하나님이 화를 내시거나 아니면 슬퍼하실 것이라는 선입견을 가지고 있다. 성실한 신자와 교제를 나누실 때 예수님이 기뻐하실 것이라는 사실 때문에 우리는 당혹해 한다. 그러나 우리는 연약한 가운데서도 예수님께 나아가 우리와 관계 맺는 것을 기뻐하시는 예수님을 신뢰해야 한다.

셋째, 예수님의 감정은 우리를 향한 불같은 사랑으로 가득 차 있다. 아버지 하나님께서 아들에게 느끼시는 것과 똑같은 것을 예수님은 우리에게서 느끼신다(요 15:9). 이 점은 참으로 놀랍다! 삼위일체 하나님 중에서 제 1위의 하나님이 제 2위의 하나님께 느끼시는 것과 똑같이, 제 2위의 하나님이 깨어진 인간들에게 동일하게 느끼고 계시다는 것이다. 예수님을 향한 아버지 하나님의 사랑의 깊이는 측량할 수 없는데, 우리도 이와 똑같은 사랑을 받고 있다는 것이다. 이것은 불가사의한 것이지만, 성경은 이것이 사실임을 증언하고 있다.

넷째로, 신랑 되신 예수님은 열정적이시다. 사랑은 수동적이지 않으며, 사랑의 하나님은 모든 것을 소멸하는 불이시다(신 4:24). 우리를 향한 예수님의 질투는 음부같이 잔혹하며 불같이 일어나고 그 기세가 여호와의 불과 같다(아 8:6-7). 예수님은 열렬한 열의로 우리의 사랑을 막는 모든 것, 즉 방해하는 모든 것들을 소멸시키신다. 예수님은 우리 마음의 일부만을 가지려고 하지 않으신다. 우리 마음의 전부를 원하시기 때문에, 우리가 온전히 자신의 소유가 될 때까지, 질투의 마음을 가지고 우리 삶의 모든 영역을 계속해서 추적하실 것이다. 열정에서 심판이 나온다. 예수님의 심판은 사랑에 반대하는 모든 것과 그분의 교회에 해를 입히는 모든 것을 멸하신다(잠 6:34; 겔 38:18-19; 슥 1:14; 계 19:2). 주님은 자기 백성에게 큰 열심과 열정을 가지고 계신다(슥 8:1-2).

사랑앓이를 하시는 우리 하나님
Our Lovesick God

신랑의 메시지의 핵심에는 우리를 향한 예수님의 감정과 사랑앓이를 하시는 하나님의 헌신이 자리 잡고 있다. 신부를 향한 거룩한 사랑으로 마음이 불타고 있는 신랑은, 하늘과 땅을 창조하신 하나님이시다. 모든 권능을 소유하신 하나님이 인간과의 친밀함을 원하고 계신다. 하나님의 거룩한 신랑의 성격에는 극적이면서도 의미심장한 실체가 들어 있다. 예수님께서 신부에게 불타는 사랑을 갖고 계신다는 것을 아는 것 외에 그 어떤 것도 사람들의 삶과 정체성에 분명한 깨달음을 주는 것이 없다는 사실을 나는 알고 있다. 하나님 나라에 대한 이러한 패러다임은 우리를 내적으로 변화시키면서 우리에게 깊은 충격을 던져 준다. 우리를 향한 예수님의 커다란 소원을 이해할 때만, 우리의 진정한 자아에 대한 이해가 이루어질 것이다. 우리는 예수님의 영원한 짝이다. 예수님은 우리와 함께, 아버지 하나님께서 자기에게 주신 모든 것을 나누고 계신다. 예수님은 자기의 마음을 우리와 함께 나누고 계신다.

왕 중의 왕이신 하나님은 우리가 이해할 수 없는 열정을 가지셨다. 여러분과 나를 향한 사랑으로 이러한 열정이 뜨겁게 타오른다는 사실은 우리의 삶에 대한 정의를 새롭게 내려줄 수 있을 만큼 강력한 것이다. 우리가 예수님을 열정적인 신랑 하나님으로, 그리고 우리 자신을 예수님의 사랑 받는 신부로서 인식하게 될 때, 우리들 인간의 정서는 급격한 변화를 겪게 된다. 우리에게 사랑 받고 사랑한다는 느낌이 없다면, 우리는 영적인 권태 속에서 용기와 힘을 잃은 채 더 쉽게 타협하게 될 것이다. 반대로, 우리가 하나님의 넘치는 사랑에 직면하게 될 때, 우리 존재의 핵심은 큰 충격을 받게 된다. 우리가 추구해야 할 것은 이러한 내적 충격을 받는 일이다. 내적인 충격이 우리의 삶을 바꾼다.

예수님을 하늘에 계신 우리의 신랑으로서, 그리고 우리 자신을 예수님의 귀중한 신부로서 실제로 인식하며 살아가는 것만이, 우리가 주님의 재림을 예비할 수 있는 유일한 방법이다. 이러한 삶만이 외로움과 거절감이라는 빈 공간을 채울 수 있는 유일한 소망이다. 그런데, 우리는 이러한 진리를 깨닫고 있지 못한다. 주님 앞에 선 우리의 존재와 관련하여 이러한 정체성에 대한 계시가 최고의 것임에도 불구하고 우리는 깨달은 대로 살고 있지 못하고 있다. 신랑이신 예수님에 대한 계시에 대해 교회가 일반적으로 이를 이해하지 못하고 있다. 그러나 주님께서는 하나님의 사람들을 깨우시려는 계획을 가지고 계신다. 주님은 이들에게 신랑으로서의 자신을 계시하실 것인데, 기도와 금식이 있는 곳에서 그렇게 하실 것이다. 예수님은 우리를 초청하셔서 자신이 우리의 신랑이신 것을 알리시고, 우리로 하여금 기도와 금식의 보상을 경험하게 하신다. 하나님은 우리에게 가까이 나아오라고 손짓하신다. 이러한 초청에 우리가 전심으로 응답할 수 있다면 얼마나 좋겠는가.

신랑에게 응답하기
Responding to the Bridegroom

예수님을 우리의 신랑으로 인식하고 우리 자신을 예수님의 신부로 바라보게 되면, 우리는 기도의 영으로 능력을 받아 자신을 하나님께 맡기는 거룩한 삶을 살 수 있는 용기를 얻게 될 것이다. 이렇게 될 때에만 금식이 적절하고 타당하며 지혜로운 것으로 비춰질 것이다. 우리를 향한 하나님의 넘치는 사랑에 대한 응답은, 우리 자신을 부인하고 전심으로 하나님을 사랑하는 것이다. 그러면, 하나님께서 우리를 위해 예비해 두신 최고의 것들을 붙들게 될 것이다. 우리가 사는 현재라는 시간은 영원의 관점에서 보면 순간에 불과하다. 영원에 비추어 보면, 현재의 삶이란 예수님께 온전한 순종과 사랑을 드리기 위해 행동해야 하는 작은 "움직임"에 불과하다. 우리는 예수님을 사랑하면서, 어떠한 대가를 치르더라도 예수님께 순종해야 한다. 예수님의 사랑에 응답함으로 우리는 예수님께서 우리의 삶 속에 부어주고 싶어 하시는 모든 것을 받게 된다. 예수님은 우리가 주님을 사랑한다면 그의 계명을 지키게 될 것이고, 우리가 계명을 지키지 않는다면 우리의 사랑은 진짜가 아니라고 말씀하셨다(요 14:15, 23-24).

예수님의 첫 번째 계명은 하나님을 전심으로 사랑하라는 것이다(마 22:37). 현재 서구사회의 교회는 이 계명을 제 위치에 놓아두고 있지 않지만, 성령께서는 이 계명을 우리 삶의 제 1순위로 되돌려 놓기 위해서 신랑이신 예수님에 대한 계시를 사용하실 것이다. 주님께서 재림하시기 전에, 전세계의 교회는 하나님을 열정적으로 사랑하면서 거리낌없는 거룩한 삶을 살아가게 될 것이다. 사랑앓이를 하는 하나님은 동일한 사랑앓이를 하는 신부에 의해서 경배를 받게 될 것이다.

하나님을 향한 미숙한 사랑으로부터, 불타는 헌신된 사랑의 단계까지 우리는 어떻게 성장해 갈 수 있겠는가? 그것은 우리를 향한 하나님의 소원을 알 수 있는 계시 속으로 우리는 돌파해 나아가야 한다. 그 방법은 아주 단순한 것이다. 사실 그 방법이 아주 단순하기 때문에, 믿기도 쉽다. 우리의 연약함에도 불구하고 우리에게 갖고 계시는 하나님의 굽힐 줄 모르는 애정에 대한 증거를 우리는 믿음으로 받아들여야 한다. 그러면, 비록 실패할지라도 하나님으로부터 멀어지는 것이 아니라 하나님께 달려나갈 수 있는 권능을 힘입게 된다. 우리가 실패했을 때, 하나님은 화를 내시고 실망하시는 것이 아니라, 우리를 여전히 사랑하시고 좋아하시는 기쁨의 하나님이시다. 우리를 향한 하나님의 감정의 기본적인 원칙들을 마음에 간직한다면, 그를 향한 우리의 사랑은 날로 커질 것이다.

다윗의 경우처럼, 우리의 마음을 매료시키는 것은 바로 말로 표현할 수 없는 신랑 하나님이신 예수님의 아름다움이다. 그 무엇보다도 오직 한 가지 일, 즉 하나님의 아름다움을 목도하기를 다윗은 소원했다(시 27:4). 우리를 향한 하나님의 사랑을 더 깊이 이해하면 할수록, 첫 번째 계명으로 다스림을 받는 "한 가지(one thing)의 삶"을 살고 싶은 우리의 소원은 커지게 될 것이다. 우리가 신부인 우리의 정체성을 보다 깊이 이해하고, 하나님의 변함없으신 사랑을 보다 많이 경험하려면, 하나님의 마음에 대한 계시가 지속적으로 열릴 수 있도록 간절히 사모하여야 한다.

금식이 주는 은혜는 "더 많이" 달라는 우리의 외침을 하나님이 들으신다는 것이다. 금식은 진리에 대한 우리의 수용 능력을 키워주고, 우리의 마음속에 하나님의 진리가 뿌리내리는 과정을 가속화 시킨다. 금식은 하나님을 더 많이 받아들일 수 있도록 하나님께서 마련해 주신 방법이기 때문에, "하나님을 향한 사랑 안에서 나는 어떻게 성장할 것인가?"와 같은 오래된 질문에 대한 핵심적인 답이 된다. 사랑 안에서 성장하기 위해서는 하나님을 향한 우리의 역량이 증가되어야 하고, 우리의 능력이 증가되기 위해서는 우리의 삶속에 금식을 구체적으로 실천하는 일이 필요하다. 금식은 하나님의 사랑을 더 많이 경험할 수 있도록 도와주기 때문이다. 이 점에 대한 심오한 진리를 다루는 것이 바로 본서의 핵심이다. 소위 "신랑을 위한 금식"은 그리스도의 몸이 신랑 하나님이신 예수님을 만나 힘을 얻게 만들어 준다. 그러므로 "신랑을 위한 금식"에 대한 성경의 기본적인 진리들을 이해하고 있어야 한다. 다음 장에서는 신랑을 위한 금식을 필두로 하여 성경이 제시하는 다른 종류의 금식에 대해서 살펴보고자 한다.

제2장 성경이 말하는 일곱 가지 형태의 금식
Seven Types of Biblical Fasting

어려서 주님을 처음 만났을 때, 나는 금식을 전혀 좋아하지 않았다. 나는 예배와 가르침이 있는 모임에 대해서는 애정을 가졌지만, 기도나 금식은 좋아하지 않았다. 그러나 기도와 금식에 대한 책들을 읽으면서, 하나님의 사람들이 기도하고 금식할 때, 하나님 나라에 대한 역사가 가장 순조롭게 이루어지도록 하나님께서 만들어 두셨다는 것을 깨닫게 되었다. 나는 사실 이런 깨달음 자체도 좋아하지 않았다. 이런 주제들을 다루는 것에 별로 관심이 없었기 때문에, 어느 날 갑자기 이런 주제에 대해 설교하고 책을 쓰는 일은 있을 수 없는 일이었다.

하루를 잡아 금식과 기도로 보내리라 여러 차례 마음에 작정해 보았지만, 불과 몇 시간도 되지 않아 하나님께 불평하면서 그만 둘 준비를 했었다: "왜입니까? 왜 하나님은 당신의 나라를 이렇게 만들어 놓으셨습니까? 나는 이해가 가지 않습니다. 나로 하여금 아무것도 먹지 않은 채로, 하나님께서 이미 아시는 내용을 아뢰는 것 외에는 아무런 하는 일도 없이 이렇게 앉아만 있게 하고 싶으신 이유가 무엇입니까? 이렇게 하시는 목적이 무엇입니까? 여기에 어떤 지혜가 숨어 있습니까? 하나님, 나는 당신을 위해서 아주 많은 일들을 할 수 있습니다! 기도와 금식으로 내 인생을 낭비하는 대신에 다른 일을 하도록 하나님께서 내게 허락해 주기만 하신다면, 나는 수많은 사람들에게 영향을 끼칠 수 있습니다." 그러나 내게 이보다 더 어리석고 더 낭비인 것이 없는 것처럼 보였음에도 불구하고, 하나님이 원하시는 것은, 기도와 금식에 진실로 지혜가 있으며 하나님의 권능은 이런 방법을 통해서 가장 효과적으로 내 마음과 사역 가운데 역사될 것이라는 사실을 깨닫는 것이었다.

기도와 금식의 권능
The Power of Prayer and Fasting

사람의 눈에 가장 연약하게 보이는 것들이 하나님 나라에서는 실제로 가장 강력한 것이 되는 경우가 더러 있다. 육적인 생각은, "기도나 금식을 왜 하는 거지?"라고 따진다. 그것은 음식을 포기한 채로 하나님이 이미 알고 계신 것을 하나님께 말씀드리고 있는 것 밖에는 안 되는 것이라고 생각한다. 그러나 그리스도의 마음을 알지 못하면, 기도와 금식으로 이루어진 삶에 담겨진 지혜를 이해할 수 없다. 그러나 사실은 그 어떤 것도 이보다 더 강력하게 우리의 삶을 드릴만한 것이 없다. 하나님의 나라는 기도에 의해서 움직인다. 우리가 기도와 금식에 헌신할 때, 천사와 귀신의 활동을 포함한 영적인 영역이 영향을 받는다.

기도는 시간과 공간을 뛰어넘는다. 사도 바울은 멀리 로마 감옥에 있으면서도 기도로써 에베소 교회에 충격과 변화를 줄 수 있었다. 사실, 기도 처소는 우주를 다스리는 중심이 된다. 그러나 하나님의 은혜를 경험하지 못하면 인간의 영이 기도의 영을 인식하지 못한다(슥 12:10). 그러므로 그리스도인의 삶은 하나님의 은혜 안에서 하나님과 협력하는 것이 꼭 필요하다.

"하나님은 우리의 역할을 대신하지 않으실 것이며, 우리도 하나님의 역할을 대신할 수 없다." 우리가 우리의 역할을 다하지 않는다면, 하나님께서 우리에게 주시려는 도우심과 축복의 일부가 보류될 것이다. 우리 자신을 부인할 수 있을 정도로 탁월한 결정을 내리는 것 (죄와 교만을 향하여 '아니오'라고 말하는 것), 하나님의 말씀으로 우리의 심령을 먹이는 것, 금식 기도를 통해서 하나님의 도우심과 개입하심을 구하는 것, 그리고 거룩한 활동(사역, 섬김)과 교제에 동참하는 것 등이 우리가 해야 될 역할이다. 하나님의 역할은 초자연적인 영향력을 우리의 마음속에(권능, 지혜, 소망), 우리의 몸에(치유), 우리의 환경 가운데(예비, 보호, 지시), 그리고 우리의 관계 면에서(은총) 드러내시는 것이다.

하나님은 중보기도라는 통로로 자기 백성들과 친밀한 동반자의 관계를 맺으시며 우주를 다스리신다. 하나님의 백성들이 특별히 기도와 금식, 그리고 순종과 온유를 좇아 하나님의 은혜에 응답하는 것에 따라서, 하나님은 이들에게 풍성한 삶을 결정하는 역동적인 역할을 담당하게 하신다. 하나님은 기도에 대한 응답으로 축복의 문은 열어 놓으시고, 억압의 문은 닫으신다. 하나님은 축복을 주시기로 작정하셨고, 이러한 축복들은 기도로 하나님과 동반자의 관계를 갖고자 구할 때 주어진다. 우리가 기도로 구하지 않기 때문에 얻지 못한다고 야고보는 말했다(약 4:2). 귀신들의 경우 기도와 금식에 의해서 쫓겨날 때까지 사람들을 괴롭히는 일을 멈추지 않을 것이라고 예수님이 말씀하셨다(마 17:21).

　우리가 하나님과 동반자의 관계를 맺는 데에는 세 가지 단계가 있다. 첫 번째, 하나님께서 그 원하시는 바를 말씀으로 선포하시고 우리의 마음에 감동을 주셔서 그 말씀을 믿게 함으로 일을 "시작"하시는 단계이다. 두 번째, 우리가 기도와 금식으로 순종하여 "화답"하는 단계이다. 세 번째, 우리가 부르짖는 바를 하나님이 허락하시고 "응답"해 주시는 단계이다. 기도의 능력이 우리에게 느껴지지 않을 때조차도, 우리의 기도는 아주 중요하다. 하나님이 우리에게 맡겨주신 역할을 대신하실 것이라고 생각하여, 하나님의 주권을 비성경적으로 "믿고 있는" 사람들도 더러 있다. 이것은 믿음이 아니라, 하나의 가정일 뿐이다. 다양한 역사적인 사건들을 주관하시는 하나님의 크신 계획은 막힘이 없지만, 우리가 믿음과 순종을 보일 때까지 하나님께서는 각 개인에게 주실 축복을 유보하시는 경우도 많다.

　기도의 한 형태인 중보 기도의 기초는, 성경을 통해서 혹은 성령의 예언을 통해서, 우리 각자에게 하나님께서 먼저 약속해 주신 것들을 하나님께 다시 올려드리는 것이다(딤전 1:18). 하나님께서 주신 말씀을 다시 하나님께 올려드리는 과정인 기도를 통하여 우리는 하나님의 말씀을 내면화하게 된다. 하나님께서 우리에게 선포해 주신 말씀들을 우리가 다시 올려드릴 때마다, 우리의 심령이 감동을 받고, 우리의 생각이 깨우침을 받으며, 우리의 마음이 부드러워지게 되고, 우리의 인격이 변화된다. 하나님의 말씀은 영이요 생명이기 때문에, 우리가 중보기도를 하게 되면 이 모든 일들이 일어난다(요 6:63). 우리와 함께 친밀한 동반자의 관계를 맺고 싶어 하시는 하나님의 소원이 우리의 기도에 반드시 드러나기를 하나님은 바라신다.

기도와 금식은 사단을 대적하기 위해 우리가 능동적으로 사용해야 하는 영적인 무기이다. 우리의 전쟁은 육체적인 면과 영적인 면 두 가지에서 이루어진다. 우리는 혈과 육을 대항하여 싸우는 것이 아니라, 정사를 대항하고, 영적인 악의 주관자들(군사들)에 대항하여 싸우는 것이라고 바울은 말했다. 그러므로 우리는 항상 기도함으로 악한 자의 모든 화전(火箭)을 소멸시킬 수 있도록 하나님의 전신갑주를 입어야 한다(엡 6:12-18). 전쟁의 무기는 우리의 육체가 아니라 영적인 것이다(고후 10:3-5). 사단이 우리를 겨냥하여 쏘아대는 초자연적인 화전(火箭)에 우리는 능동적으로 대항해야 한다(약 4:6-7; 벧전 5:8-9). 죄와 어두움에 대항하는 우리의 전쟁에서, 죄에 대항하거나 남을 섬기는 것과 같은 외적인 육신의 활동만으로는 충분하지 않다. 금식을 겸한 기도를 통하여 사단을 능동적으로 대항함으로써 영적인 전쟁에 참여해야 한다.

성경이 말하는 금식의 기본원리
The Foundational Principles of Biblical Fasting

　기도와 금식을 통해서 나타나는 하나님의 권능을 이해하려면, 몇 가지의 기본적인 원리들을 생각해 보아야 한다. 첫째, 금식은 일종의 초청이라는 점이다. 우리가 하나님을 더 많이 갈망하기를 하나님은 원하시기 때문에 우리를 금식으로 초청하신다. 어떤 사람과 정말로 함께 있고 함께 하고픈 갈망에서 가장 중요한 핵심은 그것을 억지로 유도하지 않아야 한다는 점이다. 그것은 어디까지나 자발적인 것이어야 한다. 하나님은 우리가 자발적인 모습을 유지하는 수준에서 우리를 초청하신다. 우리가 금식을 전혀 하지 않아도, 또는 하나님을 더 깊은 친밀함 속에서 알지 못해도, 구원을 받고 천국에 갈 수는 있다. 그러나 우리가 금식에 대해서 하나님께 "예"라고 답한다면, 하나님은 하나님의 마음에 더 많이 접촉할 수 있는 통로를 열어 주신다. 하나님을 더 많이 원하는 우리의 영적인 갈급함이 금식을 원하는 수준에 이르러야만 얻어지는 축복들이 있다. 하나님을 더 많이 갈급해 하는 사람들에게 하나님은 그 갈급함에 대해 보상해 주시고 더 많은 은혜를 나누어 주신다.

　두 번째 원리는, 금식이란 일종의 역설이라는 점이다. 금식할 때, 기운을 얻기 위해서 의지했던 것이 제거되고, 힘이라고 잘못 생각했던 것들이 일시적으로 없어지게 된다. 금식하는 동안 우리의 동기와 열정에 숨겨진 죄성을 훨씬 더 많이 깨닫게 되면서, 하나님 앞에서 우리의 미숙함을 알게 된다. 우리가 이렇게 미숙함의 아픔을 경험하지만 오히려, 우리의 심령은 부드러워지게 된다는 것이 역설이다. 우리의 육체는 연약해지고 굶

주려 있지만, 영에 속한 사람은 성령께 더 민감해지게 된다. 이 모든 과정을 통하여, 전적으로 하나님을 위하여 살겠다는 우리의 결심은 굳건해진다. 금식의 역설은, 우리가 육신의 연약함을 경험하면 할수록 우리의 영이 강건해진다는 것에 있다.

셋째, 금식이란 일종의 은혜라는 점이다. 우리가 금식의 삶을 유지하게 되는 것은, 우리 자신의 힘 때문이 아니라, 하나님의 은혜 때문이다. 금식에는 인내하기 위해 이를 악 무는 것 이상의 의미가 있다. 금식을 통해서 우리는 하나님께 연결된 신비 속으로 들어가는 은혜를 구하게 된다. 우리가 자발적으로 금식이라는 연약함을 붙들게 될 때, 하나님과 동행하는 우리의 삶에 더 많은 영적인 힘이 생긴다. 하나님의 은혜는 그것을 추구하는 사람들에게 배가 된다(벧후 1:2; 3:18).

오늘날 서구 문화 속에서 살아가는 우리들이지만 하나님은 금식하는 사람들에게 진실로 은혜를 주신다. 예전의 신자들처럼 21세기의 신자들은 금식을 할 수 없다는 말은 거짓이라는 것을 밝히고 싶다. 그것은 강력한 은사를 소극적으로 만들려는 거짓말이다. 우리의 "삶의 속도"가 아주 빠르기 때문에, 정기적으로 금식하는 일은 실제적이지 않다는 거짓말로 인하여 우리의 양심은 무뎌졌다. 매일 매일의 육체적인 도전이 오늘날보다 더 적었던 시대는 결코 없었다. 현대의 편의시설들로 인하여 우리는 앉아서 생활하는 것이 과거의 세대에 비해 더 익숙해져 있으므로, 이전세대에 비해 우리들은 스스로 어떻게 노력할 것인가에 대한 방법을 찾아내야 한다. 실제로 금식하는 것보다 금식 자체에 대한 두려움이 훨씬 심각한 것이 현실이기 때문에, 금식은 아주 어렵고, 힘들고 불편한 것이라고 생각한다.

정기적인 금식에 의해 우리의 육체가 최상의 상태가 되도록 하나님은 만들어 놓으셨다. 우리의 몸은 금식의 과정을 통하여 실제로 깨끗하게 되고, 튼튼해진다. 간헐적인 장·단기의 금식보다는, 매주 정기적으로 별도의 금식하는 날을 지정해 놓고 금식에 접근하는 생활양식을 더 추천한다. 정기적으로 금식할 때, 우리의 마음 자세나 몸의 리듬에 변화가 생기기 시작한다. 이것은 금식의 은혜 중 하나이다. 금식은 몸을 단련하는 것과 흡사하다. 우리가 정기적으로 몸을 단련하지 않으면, 몸이 말을 잘 듣지 않는다. 잘 적응하는 몸을 만들어 내려면 시간을 들여 지속적인 운동을 해야 한다. 정기적으로 금식하는 이유도 이와 같다.

기도와 금식의 역사를 새롭게 계발하기 위해 지금이 바로 이러한 금식의 은혜에 "예"로 응답하여 하나님의 동반자가 될 수 있는 최상의 때이다. 세기 말의 압박감이 가중되면서, 예전에 비해 더 많은 수의 그리스도인들이 금식의 은혜 속으로 들어가게 될 것이다.

네 번째 원리는, 금식이 우리들을 겸비하게 만든다는 점이다. 성경은 금식을 우리의 영혼을 "겸비하게" 하고 "괴롭게" 하는 것으로 묘사하고 있다(사 58:3, 5). 다윗은 하나님 앞에서 자신을 겸비하게 하는 한 가지 방편으로 금식을 소개하고 있다(시 35:13; 69:10). 우리의 몸은 피곤하고, 우리의 마음은 멍해지고, 우리의 능력은 최대로 발휘되지 않고, 우리의 손이 닿는 모든 것에는 연약함이 퍼져 있다. 우리가 늘 당연하게 생각해 왔던 지극히 정상적인 일들조차도 제대로 해낼 수 없는 우리 자신의 모습을 불현듯 발견하게 된다. 의심의 여지없이 금식은 우리를 겸비하게 만든다. 이것이 하나님이 금식을 계획하신 이유이다.

다섯 번째 원리는, 금식이 예배라는 점이다. 자신의 연약함을 아는 사람들이 금식하고 기도한다. 하나님에 대한 필요성을 더 많이 인식하는 사람들이 금식을 한다. 주님 앞에서 금식하는 것은 주님을 엄청나게 필요로 하고 있음을 선언하는 것이다. 우리는 주님께 우리의 삶을 온전히 쏟아 부을 준비를 더 잘할 수 있도록 금식한다. 이 점을 주님은 귀하게 여기신다. 하나님의 사람들이 더 순결하게 생활하기 위하여 금식으로 스스로를 겸비하게 할 때, 하나님은 이것을 예배로 받으신다. 로마서 12:1은 "내가 너희를 권하노니… 너희 몸을 하나님이 기뻐하시는 거룩한 산 제사로 드리라. 이는 너희의 드릴 영적 예배니라"고 말씀하고 있다.

성경이 말하는 일곱 가지 형태의 금식
Seven Types of Biblical Fasting

성경에서 발견되는 금식의 종류에는 일곱 가지가 있다. 금식은 아주 다양한 방법으로 분류될 수 있기 때문에, 이것들은 다양한 방법 중의 한 가지일 뿐이다. 이러한 일곱 가지 형태의 금식은 다양한 환경과 독특한 동기를 기준으로 하여 구분된 것이다. 이러한 분류 기준은 가끔 중첩될 수도 있음을 주지하시기 바란다. 이 중의 더러는 구약에 그 뿌리를 두고 있지만, 지속적으로 신약의 교회에 필요한 것들도 있다.

1. 개인의 사역에서 하나님의 권능을 경험하기 위한 금식
Fasting to experience the power of God in personal ministry

우리의 사역에 하나님의 권능이 더 크게 드러나게 하기 위해 우리는 금식할 수 있다. 이런 형태의 금식에는 수많은 성경적인 사례들이 있다. 제자들이 귀신들린 소년을 자유롭게 하지 못했을 때, 예수님께서는 이들에게 기도와 금식 외에는 이런 부류의 귀신이 나가지 않을 것이라고 말씀하셨다(마 17:21). 세례(침례) 요한이 설교하면서 가졌던 큰 권능은 그의 금식하는 삶의 양식과 관계된 것이 틀림없다. 사도 바울의 사역에서 드러났던 권능도 동일하게 설명될 수 있다. 바울은 정기적으로 금식을 하였다.(행 9:9; 고후 6:5; 11:27).

초대교회는 하나님과 함께 하는 권능을 체험하기 위하여 일주일에 두 번, 수요일과 금요일에 금식했다. 교회사를 통해 볼 때, 기름 부으심을 받은 수많은 남녀는 커다란 부흥을 주도할 때 정기적으로 금식을 실천하였다. 남아프리카 교회의 지도자였던 앤드류 머레이는 역사상 부흥을 주도했던 사람들에 대한 논평에서, 기름 부으심을 받은 이런 지도자들은 정기적인 금식 기도를 통하여 세상의 영과 쾌락으로부터 자신을 분리한 채 하나님께 헌신하였으며, 우리는 그들로부터 많은 것들을 배울 수 있다고 말했다.

찰스 피니는 미국 역사상 가장 큰 권능을 가진 설교자 중의 한 사람이었다. 그의 설교에는 죄의 자각을 일으키는 엄청난 기름 부으심이 있었다. 그는 1857년 뉴욕 부흥 대성회가 있었던 8주 동안 50만 명이 넘는 사람들을 주님께로 인도했다는 기록이 있다. 피니의 기록에 의하면, 기도의 은혜가 그를 떠나자, 그의 설교도 남들처럼 시들해졌다고 쓰여 있다. 이런 일이 일어나자, 피니는 기도의 영이 회복되고 자기 설교에 권능이 되돌아올 때까지 기도와 금식으로 여러 날을 보내곤 했다. 그는 자신의 설교에 권능이 있는 것은 정기적인 금식 기도와 연관된다는 사실을 공표했다. 피니는, "나는 내 자신의 믿음과 사랑이 없는 것에 엄청난 불만이 있다. 유혹에 약한 내 자신의 모습을 보면 권능을 회복시켜 주는 하나님과의 교감을 유지시키기 위해 금식과 기도가 필요하다."라고 쓰고 있다.

과거의 수많은 유명한 설교자들도 이러한 동일한 원리를 사용했었다. 전도에 초점을 맞춘 이들의 설교에는 특별한 권능이 수반되는 성령의 독특한 기름 부으심의 축복이 있었다. 어떤 경우에는, 이들에게 표적(表迹)과 기사(奇事)의 기름 부으심이 있었다. 그러한 사람들로는 죠지 휫필드, 조나단 에드워즈, 데이빗 브레이너드, 찰스 웨슬리, 마리 우드워즈-에터, 그리고 에이미 심플 맥퍼슨 등이 있다.

금식과 기도를 통하여 수많은 표적과 기사가 드러난 삶을 살았던 사람 중에서 가장 모범이 되는 사람은, 1900년대 초반에 사역하였던 존 G. 레이크이다. 주님은 시카고의 보험회사 사원이었던 이 사람을 기도하고 금식하게 하심으로 그가 설교할 때에 표적과 기사가 일어나게 하셨다. 하나님은 수 년 동안 그를 통하여 특별한 권능의 기적을 행하셨다. 그는 남아프리카에 있었던 5년 동안, 수백 개의 교회를 세웠으며, 사람들을 죽음에서 일으킨 사건을 포함하여, 약 50만 건의 치유역사를 행하였다. 통계는 없지만 그 당시에 그는 수천의 사람들을 그리스도께 인도하였다.

마헤쉬 차브다는 우리와 동시대 사람으로서, 십 년 동안 물만 마시는 40일 금식을 매년 두 번씩 하였다. 주님은 그의 사역에 놀라운 기적을 역사하셔서 여러 번 죽은 자를 살리기도 하고 눈먼 자의 눈을 뜨게 하였다. 그는 귀신을 다스리는 권세의 기름 부으심을 받은 것으로도 유명하다.

주님은 오늘날에도 전심으로 자기를 찾는 자들을 찾고 계신다. 주님은 그런 자들에게 자기의 권능을 맡기실 것이다. 주님은 우리 사역팀의 한 일원을 통하여 예언의 말씀으로, 순전한 사람들에게 측량할 수 없는 성령을 부어주시겠다고 말씀하셨다. 이 시대에 사는 우리가 그런 기름 부으심의 사람이 되고자 한다면, 금식하는 삶은 중요한 요인이다.

2. "종말의 때"에 대한 예언적 계시를 얻기 위한 금식
Fasting for prophetic revelation of the End Times

우리는 하나님이 특별한 예언의 권능을 가진 남녀를 일으켜 세우실 세대에 살고 있다. 예수님이 재림하시기 전에 교회 안에는 전례 없는 예언적 계시가 임할 것이다(행 2:17-21). 다니엘은 예언하기를, 수많은 사람들을 가르칠 수 있는 "예언적 능력을 가진 사람들"을 하나님이 "종말의 때"에 일으키실 것이라고 했다(단 11:33-35; 12:4, 10). 이러한 예언의 권능을 가진 사람들은 심판의 때에 주님께서 행하실 일에 대한 성숙한 이해를 가지고 주님의 회의에 참여하게 될 것이다. "누가 여호와의 회의에 참여하여 그 말을 알아들었으며, 누가 귀를 기울여 그 말을 들었느뇨? .... 나 여호와의 노는 내 마음의 뜻하는 바를 행하여 이루기까지는 쉬지 아니하나니 너희가 말일에 그것을 완전히 깨달으리라"(렘 23:18-20).

> 백성 중에 지혜로운 자가 많은 사람을 가르칠 것이나 ... 또 그들 중 지혜로운 자 몇 사람이 쇠패하여(순교하여), 무리로 연단되며, 정결케 되며, 희게 되어 마지막 때까지 이르게 하리니 이는 작정된 기한이 있음이니라 (단 11:33-35).

하나님은 예언의 능력을 가진 사람이 되고 싶어했던 다니엘의 확고한 의지에 응답해 주셨다. 다니엘이 금식과 기도로 하나님 앞에서 그분의 얼굴을 구할 때, 시대 말에 이스라엘이 겪게 될 운명에 대한 계시를 받게 되었다(단 9:1-3, 20-23; 10:1-3, 12-14). 21일 동안 기도하고 금식한 후에, 다니엘은 한 천사의 방문을 받게 되었다. 그 천사는 다니엘이 하나님 앞에 통찰력을 달라고 겸비하게 마음을 정한 첫 날부터 그 기도가 응답되었다고 말했다(단 10:10-12). 다니엘이 기도하는 동안, 가브리엘 천사가 그에게 와서 "지혜와 총명"을 주었다(단 9:20-23).

> 내가 금식하며 베옷을 입고 재를 무릅쓰고 주 하나님께 기도하며 간구하기를 결심하고 … 곧 내가 말하여 기도할 때에 … 가브리엘이 … 내게 말하여 가로되, 다니엘아, 내가 이제 네게 지혜와 총명을 주려고 나왔나니 … 그런즉 너는 이 일을 생각하고 그 이상을 깨달을지니라(단 9:3, 21-23).
> 그가 이르되, 다니엘아, 두려워하지 말라, 네가 깨달으려 하여 네 하나님 앞에 스스로 겸비케 하기로 결심하던 첫 날부터 네 말이 들으신 바 되었으므로 내가 네 말로 인하여 왔느니라(단 10:12).

"종말의 때"를 향한 하나님의 마음에 담긴 깊은 일들과 그분의 계획을 이해하기 위해서는 초자연적인 능력이 필요하다. 이러한 능력은 자연적인 방법으로는 얻을 수 없다. 하나님과의 만남이 필수적이다. 하나님은 다니엘의 경우에서처럼, "종말의 때"에 예언자들에게 천사를 보내 주실 것이다. 다니엘이 그랬던 것처럼, 우리도 초자연적인 능력을 받기 위하여 금식과 기도로 예언적인 지혜를 구하도록 해야 한다.

3. 우리의 도시 혹은 나라에 임한 하나님의 약속의 성취를 위한 금식
Fasting for the fulfillment of God's promises to our city or nation

　주님은 지구상의 모든 도시에 예언적인 계획과 약속을 가지고 계신다. 주님이 이곳 캔자스시티에 있는 교회들을 향하여 주셨던 약속처럼, 당신의 지역 교회를 향해서도 약속의 말씀을 주셨다. 우리는 느슨한 믿음으로 이러한 약속의 말씀들을 수동적으로 받아들여서는 안 된다. 그러한 예언의 성취를 위해서 우리가 능동적으로 간구하기를 주님은 원하신다. 이러한 일을 위해서는 함께 모여 중보를 위한 예배와 금식 기도를 지속적으로 갖는 것이 중요한다.
　성경은 하나님의 약속이 성취되는 길잡이 역할을 하면서 하나님에 의해 쓰임 받았던 믿음의 사람들에 대한 예로 가득 차 있다. 예를 들어, 하나님은 이스라엘 백성들을 70년 간 종살이 했던 무시무시한 바빌론의 포로생활에서 되돌아오게 하실 것이라고 말씀하셨다(주전 606-536년). 바사 제국이 바빌론을 정복하였을 때, 다니엘은 하나님의 약속의 성취를 위해 금식하며 기도하였다. 그 결과, 이스라엘은 포로에서 놓임을 받아 고국에 돌아가 나라를 재건할 수 있도록 허락을 받았다(단 9:1-3; 10:1-3). 몇 년 뒤에, 느헤미야가 수산이라는 바사 제국의 수도에 머물고 있을 때, 이스라엘로 귀국하던 유대인 동료들이 당했던 무서운 투쟁에 대한 얘기를 듣게 되었다. 예루살렘의 성벽과 문들은 여전히 허물어진 채로 주변의 적들로부터 무방비 상태에 있었다. 느헤미야는 다니엘처럼 금식하고 기도함으로 그 세대의 이스라엘 백성들에게 주님이 약속하신 말씀을 이루시도록 주님의 얼굴을 구했다. 느헤미야는 금식하고 탄식하며 이스라엘의 죄를 자백했고 이스라엘을 향한 하나님의 약속이 이루어지도록 기도하였다(느 1:1-11; 9:32-38). 하나님은 느헤미야의 기도에 응답하셔서 이스라엘 백성들을 축복해 주셨다. 여선지자 안나는 60년이 넘는 세월을 하나님이 이스라엘에게 약속하신 것을 이루실 것을 위해 금식 기도를 하였다(눅 2:36-38). 그녀는 기도의 응답으로, 이스라엘을 구원할 메시야로서 오랫동안 대망해 왔던 아기 예수를 눈으로 볼 수 있었다.

예수님은 제자들에게 추수할 영혼들이 많고, 이를 위하여 기도로 심는 자나 전도로 수확하는 자가 함께 기뻐하게 될 것이라고 말씀하셨다(요 4:34-38). 다른 말로 표현하자면, 이스라엘의 추수를 위해 맨 먼저 해야 될 일이 기도와 금식이라는 것이다. 따라서 예수님과 안나, 시므온, 그리고 세례(침례) 요한의 수고가 오순절 성령 강림 이후에 사도들이 경험했던 부흥으로 가는 길을 닦았다고 볼 수 있다.

고넬료가 금식하고 기도하였을 때, 하나님은 그에게 천사와 사도 베드로를 보내어 그의 전 가족을 구원에 이르게 하셨다(행 10:1-4, 30-31). 부흥의 영이 그 지역에 부어지면서 은혜의 문이 이방인에게도 열리게 되었던 것이다. 사도 바울은 자기 사역 위에 하나님의 약속의 성취를 맛볼 수 있는 열쇠로써 금식을 붙들었다(행 9:15; 26:17-18; 고후 6:5; 11:27). 바울은 또 갈라디아 지방의 교회들이 부흥의 영의 손길로 이들의 영적인 성숙이 이루어지도록 금식하며 기도하였다(갈 4:19).

오늘날 수많은 사람들이 지옥으로 향하고, 교회가 영적으로 메말라가면서 치유와 구원의 능력을 잃어가는 것에 대해 우리는 성경에 기록된 방법으로 대응해야 한다. 우리의 도시와 나라에 주신 하나님의 약속의 말씀들이 성취되는 돌파구를 위해 우리는 금식하며 기도해야 한다.

4. 위기를 끝내기 위한 금식
Fasting to stop a crisis

국가나 개인의 위기를 타개하기 위한 금식이 구약시대에 종종 행해졌다. 이스라엘 백성들이 집단적으로 금식하고 기도하며 하나님께 돌아왔을 때, 하나님은 때때로 이들의 절망적인 상황을 역전시켜 주셨다. 선지자 요엘의 시대에, 이스라엘은 몇 가지 하나님의 심판에 직면하였다. 첫째, 메뚜기와 가뭄으로 인한 농업상의 위기였다(욜 1장). 그리고 바빌론 군대가 이스라엘을 침략하려고 하였다(욜 2:1-9). 요엘은 백성들이 겸손하게 금식과 기도로 회개한다면, 하나님이 이들을 향한 심판의 결정을 취소할 수도 있다고 선포하면서 전 국민의 성회를 소집하였다(욜 1:13-14; 2:12-15).

선지자 요나는 니느웨라고 하는 악독한 앗수르의 도성에 보냄을 받고서 이스라엘의 하나님이 그들을 멸망시킬 것을 경고하였다. 니느웨의 백성들이 겸손하게 금식으로 회개하였을 때, 주님은 자비를 베푸셔서 그 도성에 대한 심판을 유보하였다(욘 3:3-9).

모세는 시내 산에서 금식하면서 십계명과 함께 성막 제작을 위한 지침을 받았으나, 산을 내려와서 백성들이 우상 숭배를 한 사실을 알게 되었다. 하나님이 이스라엘을 치려고 하시자, 모세는 즉각 40일 간의 금식 기도에 돌입하였다(신 9:7-21). 하나님은 모세의 중보기도로 이스라엘을 살려주셨다.

이와 마찬가지로, 제사장 에스라는 이스라엘 자녀들 사이에서 발견되는 신앙의 타협으로 인해 슬퍼하였다. 그가 예루살렘에 도착하였을 때, 백성들은 성경에 분명히 금지되어 있는 이교도 사람들과 결혼을 하였다. 이렇게 새로운 가정이 생겨나고 자녀들이 태어나기 시작했기 때문에 이 문제를 정리하기가 복잡하게 되었다. 이러한 타협 때문에 하나님의 심기는 불편하게 되었고 이스라엘의 우상 숭배는 더 심각해지게 되었음을 깨닫고는, 에스라는 큰 슬픔으로 금식을 하였다(스 9:1-6). 에스라의 기도와 회개로 다른 많은 사람들이 죄를 자복하게 되었다. 이들은 모여서 회개하였고 타협을 멈추었다(스 10:1-6). 하나님의 은총이 이스라엘 가운데 회복되었고 심판이 취소되었다.

국가적인 구원을 위한 금식은 모든 역사에 걸쳐 실행되었다. 영국의 지도자들은 몇 번의 주목할 만한 위기의 때에 국가적인 기도와 금식의 날을 소집하였다. 1588년, 스페인 무적함대의 위협 앞에서 전 국민이 금식하였다. 후일에, 나폴레옹이 영국 침략을 준비하고 있을 때 하나님의 도우심을 간구하며 이들은 금식하였다. 또, 제 2차 세계 대전 기간 중에 브리튼 전투가 발발하였을 때, 나치의 침략을 막아달라고 요청하는 기도와 금식의 날을 선포하였다. 이 세 번 모두 다 하나님은 영국을 큰 위기로부터 구원해 주셨다.

위기의 때에 금식하며 겸비해지는 원칙은 한 개인의 차원에서도 찾아볼 수 있다. 사무엘의 어머니 한나는 불임으로 인해 괴로워하면서 "울며 먹지 않았다." 하나님은 그녀의 부르짖음에 응답하셔서 그녀의 불임을 치유하시고 아들을 주셨다. 그리고 그 아들은 자라서 위대한 선지자가 되었다(삼상 1:7).

다윗도 밧세바의 간음으로 태어난 아기의 생명을 보존할 수 있는 유일한 희망이 금식을 동반한 회개라는 것을 알고 있었다(삼하 12:15-23). 그때는 주님이 그 아기의 생명을 취하셨지만, 이 사건을 통해서 다윗이 개인적인 위기의 때에 금식과 기도로 하나님께 나아가는 것이 유일한 희망이라는 점을 알고 있었다는 것을 발견할 수 있다(시 35:13; 69:10; 109:24).

요시야라는 어린 왕이 다스리던 때에, 훌다라는 이름을 가진 여선지자가 왕에게 예언하기를, 하나님이 백성들의 죄 때문에 이스라엘을 심판하게 되실 것이라고 말했다. 요시야는 금식과 기도로 응답하였다(대하 34:23-28). 하나님은 요시야의 성실한 마음을 보시고 바빌론의 침략이라는 심판을 요시야의 사후(死後)까지 미루어 주셨다.

아합 왕은 이스라엘 역사 상 가장 악독한 왕이었다. 그가 기도와 금식으로 겸비하게 되자, 하나님은 그를 향한 심판을 멈춰 주셨다(왕상 21:25-29). 이스라엘의 악독한 왕이었던 므낫세 왕의 경우도 똑같은 일이 일어났다. 그가 겸비하게 되자, 그에게 임하기로 되어 있었던 확실한 심판이 끝났고, 하나님의 자비를 얻게 되었다.

5. 보호를 요청하는 금식

Fasting for protection

개인의 보호를 위한 금식도 성경적인 사례가 있다. 유대인 포로들이 나라의 재건을 시작할 목적으로 바빌론에서 돌아온 이후에, 이들에게는 도움이 필요했다. 제사장 에스라는 예루살렘의 재건을 돕기 위하여 이스라엘로 사람들을 이끌고 갔다. 그들이 여정을 준비하는 동안, 위험으로부터 하나님의 보호를 요청하기 위해서 시간을 내어 금식하며 기도하였다. 고대의 여행에는 강도떼들이 여행객들을 공격하여 금이나 운반하는 물품들을 약탈해 갔기 때문에 그 위험은 아주 심각했다. 이들은 사람들을 죽이고 물건을 빼앗아 갔다. 그런데, 에스라는 바사 왕에게 하나님의 축복이 함께 할 것이기 때문에 바사국 병사들의 호위를 요청하고 싶지 않다고 말했다. 에스라는 금식하고 기도하면서 다른 국가를 지나가는 동안 초자연적인 보호를 해주시도록 하나님께 요청하였다. 하나님은 에스라에게 응답해 주셨다(스 8:21-23).

다니엘이 사자굴에 던져졌을 때, 다리오 왕은 다니엘을 보호해 달라고 금식하며 기도했다. 그에 대한 응답으로, 하나님은 천사를 사자굴에 보내셔서 사자의 입을 봉하셨다(단 6:18-23). 다니엘의 생명이 기도와 금식의 결과로 구함을 받았던 것이다.

바사 왕궁의 유대인 여성이었던 에스더는, 하만이라는 악인이 모든 유대인을 멸망시키고 그 재산을 빼앗을 계획을 꾸미자, 바사의 유대인들에게 삼 일 동안 금식할 것을 요청하였다(에 3:13; 4:7). 에스더는 왕의 윤허 없이 아하수에로왕 앞에 나아갈 때, 하나님께 보호해 주실 것을 요청하였다. 왕의 허락 없이 왕 앞에 나아가는 것은 죽음을 초래할 수 있었다. 수많은 유대인들이 함께 기도하며 금식하였다(에 4:3, 16). 주님께서는 왕 앞에선 에스더의 목숨을 살려주셨고, 유대인이 처한 상황을 역전시키셔서 하만의 사악한 계획으로부터 이들을 구원해 주셨다(에 9:1).

초대 교회는 옥에 갇힌 베드로를 위해 기도하기 위하여 모였다. 그에 대한 응답으로, 하나님은 밤에 베드로에게 천사를 보내셨다. 그의 쇠사슬이 끊어지고 시내로 통하는 쇠문이 저절로 열렸다(행 12:1-19). 하나님의 종들이 위협과 위험으로부터 구원에 이르게 되는 사례들로 기독교 역사는 가득 차 있다. 이러한 일들이 "종말의 때"에 종종 일어나게 될 것이다(시 91).

6. 인도를 요청하는 금식
Fasting for direction

바울은 다메섹 도상에서 회심을 경험한 직후에, 주님의 분명한 인도하심을 기다리며 삼 일 동안 금식을 하였다(행 9:9). 초자연적인 지혜와 인도를 구하기 위해 교회가 금식 했던 것을 우리는 신약성경에서 볼 수 있다. 바울과 그의 일행은 안디옥에 있는 동안 예언적인 인도를 구하기 위하여 금식하며 기도하였다. 사도행전 13:1-2에 기록된 대로, 하나님은 이방인에게 전도하기 위한 전략적인 선교 사명을 맡기시는 말씀을 이들에게 주셨다. 이 선교 여행이 역사를 바꾸어 놓았다. 바울과 그의 일행은 루스드라와 이고니온, 그리고 안디옥에서 새 교회의 장로들을 선출하여 위임해야 할 일이 생겼을 때 다시 금식하며 기도하였다. "각 교회에서 장로들을 택하여 금식 기도하며 저희를 그 믿은 바 주께 부탁하고"(행 14:23).

예수님은 자신의 열 두 제자를 선택하시기 전에 인도하심을 받기 위해 철야로 기도하였다. "이 때에 예수께서 기도하시러 산으로 가사 밤이 맟도록 하나님께 기도하시고, 밝으매 그 제자들을 부르사 그 중에서 열 둘을 택하여 사도라 칭하셨으니"(눅 6:12-13).

7. 하나님과의 친밀한 만남을 위한 금식과 신랑을 위한 금식

Fasting for encounter and intimacy with God the Bridegroom fast

> 그 때에 요한의 제자들이 예수께 나아와 가로되, 우리와 바리새인들은 금식하는데 어찌하여 당신의 제자들은 금식하지 아니하나이까? 예수께서 저희에게 이르시되 혼인집 손님들이 신랑과 함께 있을 동안에 슬퍼할 수 있느뇨? 그러나 신랑을 빼앗길 날이 이르리니 그 때에는 금식할 것이니라 (마 9:14).

예수님이 지상에 계시는 동안, 제자들은 예수님과 함께 하는 것에 점점 더 익숙해졌다. 예수님께서 자기들을 소중히 여기시고 사랑하신다는 것을 그들은 느꼈으며, 예수님과의 교제가 주는 친밀한 기쁨을 알았다. 예수님은 자신이 죽음으로 그들을 떠나게 되면, 제자들이 누렸던 기쁨이 슬픔과 동경으로 변하게 될 것이라고 말씀하셨다. 예수님은 신랑 하나님으로서의 자신의 정체성과 자기와 함께 있고 싶어 하는 제자들의 열망에 근거한 새로운 종류의 금식에 대해 말씀하셨다. 제자들은 예수께서 떠나시면 슬픔 속에서 금식하게 될 것이고, 또 예수님의 재림을 고대하며 금식하게 될 것이다. 제자들은 예수님의 임재를 더 많이 경험하고, 예수님의 아름다움과 자기들을 향한 애정을 더 많이 계시 받기 위하여 금식을 하게 될 것이다. 이것을 우리는 "신랑을 위한 금식"이라고 부른다. 이것을 하게 하는 것은 사역에 있어서 더 많은 권능을 열망하거나 심판과 위기를 벗어나는데 있지 않고, "예수님을 열망하는데" 있다.

이스라엘이 자기들의 죄를 슬퍼하고 새로움을 구하기 위해 매년 금식하는 절기로 삼았던 대 속죄일, 즉 "욤 키푸르"가 신랑을 위한 금식의 선례이다(레 23:26-32). 유대인 달력에 따르면 부림절이나 스가랴 7-8장에 묘사된 것과 같은 다른 금식들은 역사적인 전통에서 그 기원을 찾을 수 있는데 반해서, 대 속죄일의 금식은 하나님의 계시로 세워진 것이다(레 16:29). 바울과 그의 일행이 로마로 가는 여정 중에 지켰던 금식이 대속죄일의 금식이었던 것 같다(행 27:9).

하나님은 자신의 깊은 속마음을 우리에게 계시해 주시기로 약속하셨다(고전 2:10). 하나님의 사랑을 조금만 맛보아도 우리는 더 맛보고자 하는 채울 수 없는 갈증을 갖게 되고 하나님으로부터 오는 계시를 더 빠르게 받게 된다. 신랑을 위한 금식을 하면 죄에 대해 애통하게 되며 예수님에 대한 열망은 더 강렬해진다. 그 결과 예수님이 주시는 우리의 영적인 능력이 커지게 된다.

친밀함과 영적인 새로움을 얻기 위한 금식에는 예수님과 우리 사이에 숨겨진 죄에 대한 애통함이 들어 있다. 우리는 하나님과 하나가 되고 싶은 열망 때문에, 그리고 하나님을 닮지 않은 우리의 모습 때문에 애통하게 된다. 우리는 우리의 미성숙함과 주님과의 친밀한 관계에서 우리가 품어오고 있는 모든 것에 대해 아픔을 느낀다. 이러한 슬픔은 신령한 것으로서 주님과의 연합을 이루는 방법 중의 하나이다. 이러한 애통함에는, 우리의 삶속에서 하나님의 사랑을 깨닫지 못하게 하는 모든 것들을 포기하기 때문에 우리의 영혼을 "괴롭게 한다"는 뜻이 들어 있다. 신랑을 위한 금식의 시작은 속죄일이다. 그리스도의 속죄일은 이스라엘이 그들의 죄로 인해 애통하고 새롭게 되어지기 위해 해마다 금식하는 시간이었다(레 23:37). 하나님은 이 금식을 신성한 계시를 위해 세우신다(레 16:29).

그러나 다른 금식들은 유대 달력에 나와 있다. 예를 들면 퓨림제(하만에 의한 유대인 학살을 모면한 것에 대한 기념제) 그리고 스가랴 7,8장에 묘사되어 있는 역사적인 전통 안에서 그것들의 기원을 찾을 수 있다. 바울과 그의 동역자들은 로마로 가는 여정 속에서 그리스도의 속죄일에 대해서 진술하기도 하였다(행 27:9). 다윗은 하나님의 아름다움을 바라보지 못하게 만드는 죄에 직면해서 금식함으로 자기 영혼을 겸비하고 깨끗하게 만드는 것에 대해 말하고 있다(시 27:4, 35:13; 69:10; 109:24).

금식에 대한 몇 가지 실천 사항
A Few Practical Details About Fasting

성경에 묘사된 금식의 다양한 기간들

▶▶▶ 대 속죄일에 이루어졌던 하루 동안의 금식 (레 16:29; 23:27)

▶▶▶ 회심한 이후 바울이 행했던 3일간의 금식 (행 9:9)

▶▶▶ 자신의 아기가 죽기 전까지 다윗이 행했던 7일간의 금식 (삼하12:15-18, 21-23)

▶▶▶ 성경의 예언을 이해할 목적으로 다니엘이 행했던 3주간의 금식 (단 10:2, 3)

▶▶▶ 모세가 행했던 40일간의 금식 (출 24:18; 34:28; 신 9:9, 18); 엘리야의 경우 (왕상 19:8); 시험 기간 중의 예수님 (마 4:2-3)

성경에 나오는 집단적인 금식의 사례들
Biblical Examples of Corporate Fasting

▶▶▶ 감옥으로부터 베드로가 구출되도록 교회가 금식하며 기도하였음 (행 12:1-19)

▶▶▶ 안디옥에서 바울과 그의 일행이 예언적 인도를 받고자 금식하였음 (행 13:1-3)

▶▶▶ 바울과 그의 일행이 루스드라와 이고니온, 그리고 안디옥에서 장로들을 위임할 때 금식하였음 (행 14:23)

▶▶▶ 이스라엘이 대 속죄일 즉 "욤 키푸르"에 금식하였음 (레 16:29; 23:37; 행 27:9)

▶▶▶ 이스라엘이 부림절에 금식하였음 (에 9:30-31)

▶▶▶ 이스라엘이 포로 시절에 네 번째, 다섯 번째, 일곱 번째, 그리고 열 번째 달에 금식하였음 (슥 7:3-5; 8:19)

▶▶▶ 블레셋의 공격이 있기 전에 이스라엘이 미스바에서 금식하였음 (삼상 7:3-10)

▶▶▶ 이스라엘이 베냐민과 동족 간의 전쟁을 할 때 금식하였음 (삿 20:26-28)

▶▶▶ 모압 및 암몬과 전쟁을 하러 나가기 전에 여호사밧과 이스라엘이 금식하였음 (대하 20:3-4)

▶▶▶ 요시야 왕이 자신을 겸비하게 하였을 때 (왕하 22:11-20)

▶▶▶ 이스라엘 백성들이 여호와김 왕 시대에 금식하였음 (렘 36:9-10)

▶▶▶ 요엘이 전 국가적인 성회를 소집함 (욜 1:13-14; 2:12-15)

▶▶▶ 에스더와 이스라엘이 바사에서 대학살이 일어나기 전에 금식하였음 (에 3:13; 4:3, 7, 16; 5:6)

▶▶▶ 에스라와 다른 사람들이 예루살렘 귀국 길에 하나님의 보호를 구하기 위해 금식하였음 (에스라 8:21-23)

▶▶▶ 예루살렘에 있던 느헤미야와 이스라엘 백성들이 영적인 부흥을 위해 금식하였음 (느 9:1)

▶▶▶ 요나가 회개를 촉구한 후에 니느웨가 금식하였음 (요나 3:3)

성경에 나오는 개인적인 금식의 사례들
Biblical Examples of Individual Fasting

▶▶▶ 신자들이 예수님을 신랑 하나님으로 경험하기 위하여 금식하였음 (마 9:14-15).

▶▶▶ 예수님이 40일 동안 금식하셨음 (마 4:1-3; 눅 4:1-2).

▶▶▶ 모세가 시내 산에서 40일 동안 금식하였음 (출 24:18; 34:28; 신 9:9, 18).

▶▶▶ 엘리야가 호렙 산/시내 산으로 가는 도상에서 40일 동안 금식하였음 (왕상 19:8).

▶▶▶ 세례(침례) 요한은 금식을 삶의 한 방식으로 삼고 살았음 (마 11:18).

▶▶▶ 바울도 금식을 삶의 한 방식으로 삼고 살았음 (고후 6:5; 11:27; 갈 4:19).

▶▶▶ 바울이 분명한 지시를 받기 위하여 3일 동안 금식하였음 (행 9:9)

- ▶▶▶ 바울이 사역하던 중 분명한 지시를 받기 위하여 금식하였음
  (행 13:1-2; 14:23)
- ▶▶▶ 다니엘이 종말의 때에 대한 계시를 받기 위하여 금식하였음
  (단 9:1-3, 20-23; 10:1-3, 12-14)
- ▶▶▶ 다리오 왕이 사자굴에 갇힌 다니엘의 안전을 위해서 밤새워 금식하였음 (단 6:18-23)
- ▶▶▶ 여선지자 안나는 60년이 넘도록 금식과 기도의 삶을 살았음
  (눅 2:36-37)
- ▶▶▶ 고넬료는 영적인 돌파를 위해 기도하고 금식하였음
  (행 10:1-4, 30-31)
- ▶▶▶ 에스더는 이스라엘의 구원을 위하여 금식하였음 (에 4:16-5:6)
- ▶▶▶ 아합 왕은 기도와 금식으로 스스로 겸비하였음 (왕상 21:25-29)
- ▶▶▶ 한나는 자신의 불임 때문에 금식하였음 (삼상 1:7-8)
- ▶▶▶ 다윗은 종종 금식하였음 (삼하 12:15-23; 시 35:13; 69:10; 109:24)
- ▶▶▶ 이스라엘이 이교도들과 혼인한 문제로 에스라는 애통해 하면서 금식하였음 (에스라 9:1-6)
- ▶▶▶ 백성들이 자신의 회개 기도에 동참하자 에스라는 다시 금식하였음 (에스라 10:1-6)
- ▶▶▶ 이스라엘의 영적인 회복을 위해서 느헤미야는 예루살렘에서 금식하였음 (느 9:1)
- ▶▶▶ 이스라엘 나라의 회복을 위해 느헤미야는 금식하였음
  (느 9:32-38)

제3장 신랑을 위한 금식에 대한 이해
Understanding the Bridegroom Fast

그때에 요한의 제자들이 예수께 나아와 가로되, 우리와 바리새인들은 금식하는데 어찌하여 당신의 제자들은 금식하지 아니하나이까? 예수께서 저희에게 이르시되, 혼인집 손님들이 신랑과 함께 있을 동안에 슬퍼할 수 있느뇨? 그러나 신랑을 빼앗길 날이 이르리니 그 때에는 금식할 것이니라. 생베 조각을 낡은 옷에 붙이는 자가 없나니 이는 기운 것이 그 옷을 당기어 해어짐이 더하게 됨이요, 새 포도주를 낡은 가죽 부대에 넣지 아니하나니, 그렇게 하면 부대가 터져 포도주도 쏟아지고 부대도 버리게 됨이라. 새 포도주는 새 부대에 넣어야 둘이 다 보전되느니라(마 9:14-17).

새 언약 금식
A New Covenant Fast

세례(침례) 요한의 제자들이 열의에 찬 진지한 질문을 가지고 예수님께 찾아 왔다. 예수님의 제자들이 금식하지 않는 것에 대해서 이들은 혼동과 혼란을 느꼈다. 요한도 자기 제자들에게 종종 금식할 것을 가르쳤으며, 심지어 위선적인 바리새인들도 그러한 훈련이 필수적임을 알고 있었다. 그렇다면 예수님은 금식을 귀중히 여기지 않으셨을까요? 아니면 예수님은 자기 사람들에게 제자도나 지도력을 가르칠만한 실력이 없으셨을까? 요한의 제자들은 하나님을 향한 강력한 목마름으로 하나님에 대한 추구를 가로막는 모든 것들을 포기했다. 이들이 그런 질문을 던진 이면에는 요한이 예수님보다 더 영적인 지도자라는 의미가 담겨 있다.

예수님은 그들에게 다음과 같은 이상한 질문으로 그들의 질문에 답변하셨다. "신랑이 그들과 함께 있을 동안에 신랑의 친구들이 슬퍼할 수 있느뇨?" 그리고 나서 예수님은 그들에게, "신랑을 빼앗길 날이 오고 있다."는 의미심장한 말씀을 덧붙이셨다. 그리고 예수님은 바로 자기 자신이 십자가에서 죽기 때문에 그들로부터 빼앗기게 될 그 신랑임을 언급하셨다. 예수님은 그 때가 오면 자기 제자들도 요한의 제자들과 동일한 강도와 열심으로 금식하게 될 것임을 암시해 주셨다. 그들의 금식은 예수님을 신랑으로 고대하며 애통해 하는 것으로부터 온다. 예수님은 그들의 질문을 사용하셔서 자기 자신을 신랑으로 소개하셨던 것이다. 이는 성경에 예수님 자신이 신랑임을 최초로 언급한 것이었다. 아름답고 사랑스러운 예수님의 임재를 만날 열망으로 이루어진 새로운 패러다임의 금식을 예수님은 소개해 주셨다.

구약에서, 금식은 보통 죄에 대한 애도의 표시였거나, 아니면 하나님께 재난으로부터 자기 백성들을 구원해 달라는 탄원이었다. 이러한 구약의 금식은 대부분 바리새인들의 율법적인 관행처럼 그 정신이 퇴색되어 순전히 종교적인 형식만 남게 되었다. 이제 주님은 새로운 것이 왔다고 말씀하신다. 주님의 죽으심 이후에, 새 언약이 수립된 이후에, 금식은 전적으로 새로운 차원에 돌입하게 된다. 모든 신자 안에 내주하시는 성령께서 이 일을 가능하게 하셨다. 주님의 제자들이 실천했던 금식은 예수님을 신랑으로 인식하는 친밀함에 바탕을 둔 금식이었다.

새 언약에서, 하나님은 성령을 통하여 모든 신자에게 자신의 깊은 마음을 열어주셨다(고전 2:10; 히 10:19-22). 연약한 인간이 하나님의 깊은 마음을 체험할 수 있다는 것이 이해되지는 않지만 하나의 특권임은 분명하다. 이러한 특권이야말로 우리의 유산이며 우리의 운명과도 같은 것이다. 하나님의 마음을 점점 더 깊게 경험하고 있지 않다면, 그런 삶에 결코 만족해서는 안 된다. "성령은 모든 것 곧 하나님의 깊은 것이라도 통달하시느니라 … 우리가… 오직 하나님께로 온 영을 받았으니 … 하나님께서 우리에게 은혜로 주신 …"(고전 2:10-12).

그리스도 예수가 이 땅에 계셨을 때, 사도들은 그를 알아보고 함께 하였다. 예수님은 이 기간 동안 사도들이 금식하지 말고 오히려 기뻐해야 할 것을 가르치셨다. 다가올 시대에는 하나님을 얼굴과 얼굴을 대하고 볼 것이기 때문에 금식이 전혀 필요하지 않은 것처럼, 하나님이 제자들과 매일 친구로 계실 때에는 금식이 필요 없었다.

그러나 예수님이 죽으심으로, 사도들의 사정이 달라졌다. 새 언약의 약속, 즉 예수님과의 친밀함은 그들의 것으로 여전히 남아 있지만, 예수님의 몸의 임재는 이제 사라져 버렸다. 그들은 슬퍼했고 하나님의 임재를 경험하기를 더 갈망했다. 그리고 예수님이 계시지 않는 것으로 제자들의 마음이 상처입기 전에는 결코 알 수 없었던 마음속의 깊은 열망을 깨달았다. 제자들은 예수님을 고대하였고, 예수님 가까이 있기를 고대하였다. 예수님의 즉각적인 임재에 의한 넘치는 기쁨을 빼앗기게 되자, 이들은 마음앓이를 하였다. 이것이 그들로 하여금 금식하게 만들었다.

신랑을 위한 금식은 갈망에 관한 것이다
A Bridegroom Fast is About Desire

아가서 5:8은, "… 너희가 나의 사랑하는 자를 만나거든 내가 사랑하므로 병이 났다고 하려무나"라고 말씀한다. 아가서는 신랑이신 예수님과, 신부인 교회 사이의 관계에 대하여 묘사하고 있다. 아가서는 교회가 하나님을 사랑하므로 병이 났다고 말하고 있다(아 2:5; 5:8). 지난 세월 예수님과 함께 가졌던 친밀한 만남을 기억해내는 것만으로는 갈증만 심해질 뿐이다. 이러한 갈망은 예수님을 훨씬 더 많이 반복하여 체험하기 전까지 채워지지 않을 것이다. 사랑하므로 병이 났다는 것은 신랑 하나님이신 예수님의 사랑스러운 임재를 애통한 마음으로 갈망한다는 뜻이다. 사랑하므로 병이 난 우리의 마음을 예수님 외에는 아무도 위로할 수 없다. 예수님을 애통하게 갈망하지 않는 마음은 현재의 메마른 영적인 상태를 그저 괜찮은 것으로 받아들이는 마음을 말한다. 애통한 마음으로 갈망한다는 것은 만족이 없는 마음이다. 그런 마음은 하나님을 향한 필사적인 갈망을 갖는다. 이런 것이 바로 신랑을 위한 금식이다.

신랑을 위한 금식은 우리를 향한 하나님의 열망을 이해하고 하나님을 향한 우리의 열망을 일깨우는 것에 그 초점이 맞추어져 있다. 하나님은 현존하는 우리의 열망에 응답하시는 과정에서 새로운 열망을 더 주신다. 우리가 예수님을 애통할 정도로 더욱 열망할 때 그것이 채워지게 될 것이라고 약속하셨기 때문에, 사랑하므로 병이 난 마음의 소망은 결코 실의에 빠지지 않을 것이다. "애통하는 자는 복이 있나니 저희가 위로를 받을 것임이요"(마 5:4). "의에 주리고 목마른 자는 복이 있나니 저희가 배부를 것임이요"(마 5:6).

초대 교회의 사도들은 예수님을 빼앗기게 되자, 이들이 예수님 가까이에서 경험했던 기쁨은 탄식과 갈망으로 변했다. 이와 같은 갈망과 사랑앓이는 우리 안에 역동적인 목적의식을 갖게 만든다. 영적인 갈증이란, 어떠한 대가에도 상관없이 예수님의 사랑을 더 크게 경험하는 길로 우리를 이끌어 주는 하나님의 은혜이다. 이러한 갈증 때문에 사랑이 승리할 수 있도록 우리는 우리의 마음과 삶의 가능한 모든 변화를 꾀하게 된다.

우리는 하나님을 사랑하고 하나님께 사랑받도록 만들어졌으며, 또한 우리 마음의 외침이 응답될 때까지 하나님을 갈망하는 존재로 만들어졌다. 하나님은 우리의 내재된 열망을 일깨워 주시고 그 열망에 응답해 주심으로 하나님에 대한 우리의 경험의 폭을 넓혀 주신다. 첫 번째의 초기 단계에서는, 하나님이 우리를 사랑하셔서 우리로 하여금 내면적인 하나님의 사랑을 느낄 수 있게 하신다. 이 단계만으로도 우리 영혼은 만족을 누릴 수 있지만, 이로 인해 더 깊은 열망과 갈망이 생기는 것을 경험하게 된다. 하나님의 임재를 조금이라도 맛보게 되면, 하나님을 더 많이 체험하지 않고서는 살 수 없게 된다. 이것이 바로 하나님의 의도이다. 갈망이 갈망을 낳고, 깊음이 깊음에게 부르짖는 것이다(시 42:7). 하나님이 주시는 만족은 우리에게 하나님을 더 많이 경험하고 싶은 갈망을 준다. 하나님이 우리를 충만한 사랑으로 인도해 가시는 방법은 바로 우리의 갈망을 통해서이다. 하나님을 더 많이 경험하고 싶은 마음의 신음 소리에 대한 응답이 금식이다.

신랑을 위한 금식의 목적
The Purpose of the Bridegroom Fast

예수님은 당신이 떠나 있는 동안 왜 자신의 친구들이 애도하기를 원했을까? 예수님은 제자들이 기쁨의 삶을 살기 원하는 기쁨의 하나님이 아니신가? 이러한 질문은 우리로 하여금 신랑을 위한 금식의 정신과 목적을 생각해 보게 한다. 맞다. 우리는 기뻐하며 살도록 만들어졌고, 그러한 기쁨은 오직 예수와 그분의 임재 안에서만 맛볼 수 있다. 예수님을 떠난 기쁨은 기쁨이 아니다.

신랑을 위하여 애통함으로 금식하는 것은 이 시대의 정욕을 따르지 않고 하나님을 향한 열망을 따라 살도록 우리의 마음을 분명히 하는 방법이다. 신랑을 위하여 애통하는 것은, 우리가 이 세상에 속하지 않았으며 이 세상의 지배자인 사단의 유혹 하에 놓이는 것을 거부하고 있다는 증거이다. 그러나 이러한 거룩한 갈망은 다가올 시대에서 예수님과 얼굴과 얼굴을 맞대고 살게 될 때까지는 궁극적으로 온전히 채워지지 않을 것이다. 예수님의 재림은 궁극적으로 우리의 애통함에 대한 온전한 응답이자 위로이다. 우리가 갖게 될 가장 큰 기쁨은 바로 예수님의 재림이다(시 119:19, 20; 롬 8:23-25; 히 11:16). 그러나 그날이 올 때까지, 우리는 애통해하면서 예수님의 재림을 대망하게 될 것이다.

신랑을 위한 금식은 예수님의 재림에 대한 동경조차도 뛰어넘는 그 이상의 목적을 가지고 있다-그것은 바로 지금 예수님의 임재를 경험하고자 하는 소망을 갖는 것이다. 예수님의 초림과 재림 사이에서 지연되고 있는 재림을 기다리는 동안, 하나님은 당신의 임재를 우리에게 경험하게 해주신다. 바로 지금 하나님의 임재와 사랑을 우리에게 경험하게 해주시려고 하나님은 성령을 보내주셨다. 신랑을 위한 금식은 우리의 마음을 넓혀 주어 하나님의 사랑과 임재를 경험할 수 있게 해준다.

금식하면서 말씀을 읽고 우리 자신을 그분께 드릴 때 그분에 대한 우리의 수용 능력이 커지도록 우리를 설계하셨다. 우리의 가장 깊은 곳을 활짝 열어 하나님의 은혜 속에서 우리의 신랑이신 예수님에 대한 진리를 강조하고 있는 성경말씀들로 우리의 마음을 채우는 것만큼 중요한 것은 없다. 금식은 주님에게서 받는 모든 것의 깊이와 분량을 더해주는 촉매제의 역할을 한다. 금식으로 우리는 더 많은 분량의 계시를 더 빨리 받을 수 있게 되고, 우리의 마음은 더 깊은 인상을 받게 된다.

신랑을 위한 금식의 주된 목적 중 하나는, 우리의 마음을 움직여 하나님을 향한 사랑과 동경 가운데로 들어가는 것이다. 금식을 하는 것은, 하나님을 자극하여 우리에게 관심을 갖게 하기 위함이 아니라, 그리스도 안에서 이미 우리의 소유인, 하나님의 애정과 임재 속으로 온전히 들어가기 위함이다. 그것은 하나님의 마음을 움직이기 위한 것이 아니라, 우리 자신의 마음을 움직이기 위한 것이다. 우리의 마음은 무디어지거나 게을러지기 쉽다. 의도적으로 이렇게 무디어져 가는 부분을 직면하지 않으면, 자신도 모르게 우리의 마음은 딱딱해진다. 신랑을 위한 금식은 우리의 마음을 부드럽게 해주고, 무딘 부분들이 사라지고, 하나님의 애정을 더욱 크게 경험하게 한다. 우리가 하나님을 아는 즐거움을 경험할수록, 우리의 마음은 부드러워지게 되고 우리의 열망은 힘을 얻게 된다.

우리에게 있는 하나님을 향한 갈망이 우리에게 주신 하나님의 선물이라는 점을 강조하고 싶다. 그러나 하나님을 향한 이러한 갈망은 우리 마음속에 고통을 준다. 우리에게는 사랑의 상처가 있다. 이 상처는 우리 안에 선한 것들이다. 하나님은 의미 없이 우리에게 두통거리를 주시는 분이 아니시기에, 이러한 갈망에는 어떤 목적이 있다는 것을 우리는 알고 있다. 영적인 배고픔은 우리를 더 큰 사랑으로 이끌어 주는 거룩한 촉매제이다. 그것은 우리 마음속에 사랑과 순결의 자리를 만들어 주고 우리 영혼의 영역을 확장시켜 주는 일종의 도구이다. 하나님을 더 체험하기 위해서는 예비단계인 애통이 주는 충격을 겪지 않고서는 사랑의 충만함 가운데로 진입할 수 없다.

예수님을 향한 갈망은 사랑앓이의 애통과 고통이 수반되지만, 하나님이 우리를 위해 예비해 두신 모든 것을 받을 수 있도록 우리의 마음을 바꾸어 주신다. 우리의 사랑이 상처 받는 이유는, 하나님과의 친밀함을 오랜 기간 동안 유지할 수 있는 겸손함과 온유함이 우리 안에 만들어져서 우리를 더 큰 친밀함 속으로 들어가게 하기 위해 하나님께서 의도적으로 자신의 임재를 억제하고 있기 때문이다.

신랑을 위한 금식은 또한 우리의 영혼에 거룩함을 가져다준다. 영적인 갱신을 위한 금식은 신랑과 우리의 관계를 저해하는 죄에 대한 애통함이 수반된다. 하나님을 향한 사랑앓이가 커지게 되면 우리 안에 필연적으로 죄에 대한 자각이 생기게 되고 하나님의 생명에 반하는 것은 그 어떤 것도 용인할 수 없게 된다. 우리는 타협하거나 죄를 짓고 사는 삶에 더 이상 만족하지 않고, 사랑앓이가 우리를 강권하는 대로 하나님께 모든 것을 내어 놓게 된다. 금식이란 말 속에는, 우리의 삶속에 있는 하나님의 사랑과 권능을 깨달아 가는 것을 저해하는 모든 것을 포기하고, 우리의 영혼을 "괴롭게 한다"는 뜻이 들어 있다(사 58:3, 5). 다윗은 하나님의 아름다움을 바라볼 수 있는 자기의 능력을 가로막는 죄에 직면했을 때, 금식을 통해서 자기의 영혼을 겸비하게 만들면서 채찍질했던 일에 대해 언급했다(시 27:4; 35:13; 69:10, 108:24).

사랑 때문에 하는 금식은 우리 마음속에 타협적인 일들과 세상적인 것들을 의지하는 우리의 불경건함을 드러내어 준다. 금식은 우리의 마음을 영적으로 깨어 있게 하고 인간의 영을 저절로 무디게 하여 더럽히는 어두움의 세상을 경계하도록 한다. 하나님을 향한 우리의 사랑은 전적인 순종을 좇는 우리의 추구를 통해서 표현된다. 예수님은, "나의 계명을 가지고 지키는 자라야 나를 사랑하는 자니, 나를 사랑하는 자는 내 아버지께 사랑을 받을 것이요, 나도 그를 사랑하여 그에게 나를 나타내리라"고 말씀하셨다(요 14:21).

우리가 의로운 삶을 추구하며 살 때, 하나님에 대한 우리의 사랑을 유지할 수 있는 열쇠는 우리 안에 내재된 정욕과 전쟁을 벌이는 것이다. 정욕은 아주 다양하게 표현될 수 있는데, 그것은 교만, 분노, 투기, 절도, 부도덕, 포르노, 비통함, 증오, 비방, 질투, 술취함, 음식이나 오락에 대한 탐닉, 합법적 내지는 불법적인 각종 중독 등을 포함한다(막 7:21-22; 갈 5:19-21; 요일 2:16-17). 베드로전서 2:11은, "사랑하는 자들아, 나그네와 행인같은 너희를 권하노니 영혼을 거스려 싸우는 육체의 정욕을 제어하라"고 말씀한다. 그러므로 신랑을 향한 애통함에는 회개도 포함된다. 선지자 요엘이, "여호와의 말씀에 너희는 이제라도 금식하며 울며 애통하고 마음을 다하여 내게로 돌아오라 하셨나니... 너희는 마음을 찢고... 그는 은혜로우시며 자비로우시며..."라고 주장했던 것처럼(욜 2:12-13), 애통함은 우리의 마음을 갈기갈기 찢는 것이다. 우리가 금식하며 주님을 향해 우리의 마음을 상하게 할 때, 우리 안에 무슨 악한 행위가 있는지 알아보기 위해(시 139:23-24), 우리는 마음을 찢으면서 성령을 모셔 들여 우리의 속을 살펴보시게 하는 자세를 유지해야 한다. 금식은 하나님이 주신 선물로서, 우리는 금식을 통하여 죄와 어두움에 의한 타락과 이 세상에 대한 염려를 "깨뜨려 버릴 수 있는" 도움을 얻게 된다. 금식은 문화를 통한 유혹의 손길로부터 우리를 자유롭게 하여 하나님께 붙잡힌바 된 우리의 목표를 붙잡을 수 있게 한다(빌 3:12).

금식에 필요한 고상한 비전
A High Vision is Necessary in Fasting

　금식의 삶을 살고 싶은 사람은, 이 시대에 하나님이 우리들 각자에게 원하시는 것을 온전히 경험하고자 하는 비전, 즉 고상한 비전을 가지고 시작해야 한다. 우리는 영적으로 메마른 삶을 견딜 수 없어 금식을 한다. 금식하는 사람은 하나님이 사람들에게 주고 싶어하는 것과 실제로 사람들이 체험하고 있는 것 사이의 괴리감을 이해하게 된다. 경험 부족은 우리를 불만스럽게 하고 애통하게 한다. 우리가 온전히 누려야 할 초대받은 하나님의 나라가 우리에게 있음에도 불구하고 아직 경험하지 못한 영역이 있다는 것을 인식하게 될 때, 우리는 피폐해진다. 이러한 "피폐함"의 상태는 금식의 삶에 있어서 필수적인 부분이다. 하나님 안에서 더 많은 것을 성취하고 싶은 비전이나 소망이 없다면, 우리는 금식하지 않을 것이다.

　오늘날의 교회는 금식에 대한 비전을 새롭게 할 필요가 있다. 우리는 금식이 인간의 영을 하나님 앞에 황홀함과 감격으로 이끌어 주는 하나님의 선물인 것을 알아야 한다. 하나님은 신랑이신 예수님을 만나는 특권을 최대한 누릴 수 있게 하려고, 우리에게 신랑을 위해 금식할 수 있는 은혜를 주셨다. 금식이 우리의 증오의 대상이 되는 것은 하나님의 의도가 아니다. 금식은 우리의 마음을 부드럽게 하고, 우리의 삶에 커다란 변화를 가져다주는 선물이다. 금식은 하나님을 더 많이 소유하고 싶은 우리의 비전과 결단을 보여주고 우리의 부족을 알게 하는 방법이다. 하나님이 우리에게 주신 비전이 시간이 경과함에 따라 결실을 맺는 것이 하나님의 원하시는 것임을 믿기 때문에 우리는 금식한다. 우리는 아버지 하나님이 주시는 보상이 실제로 이루어질 것이라는 예수님의 약속을 믿고, 마치 이러한 약속이 진실이 아닌 것처럼 사는 삶을 거부한다(마 6:17, 18).

새 포도주와 새 부대
New Wine and New Wineskin

생베 조각을 낡은 옷에 붙이는 자가 없나니 이는 기운 것이 그 옷을 당기어 해어짐이 더하게 됨이요, 새 포도주를 낡은 가죽 부대에 넣지 아니하나니, 그렇게 하면 부대가 터져 포도주도 쏟아지고 부대도 버리게 됨이라. 새 포도주는 새 부대에 넣어야 둘이 다 보전되느니라(마 9:16-17).

예수님은 신랑을 위한 금식의 개념에 대하여 소개하신 후, 새 포도주는 새 부대에 넣어야 한다고 말씀하셨다(마 9:16-17). 예수님이 신랑을 위한 금식을 다루는 맥락에서 새 부대에 대한 예언의 말씀을 주신 것은 주목할만 하다. 우리로 하여금 사랑 안에서 기뻐할 수 있도록 성령이 우리 안에서 권능을 펼치실 때 발생하는 성령의 임재와 사람들을 향한 성령의 역사하심에 대해서 새 포도주로 말씀하고 계신다. 성령은 하나님의 마음에 대한 새롭고 신선한 계시를 계속해서 나누어 주시기 때문에, 성령의 포도주는 언제나 "새 것"이다. 그것은 성경말씀이 새로워졌기 때문이 아니라, 특정한 세대에 특정한 성경구절의 의미가 새롭게 발견되고 강조되기 때문이다.

성령님은 예수님과의 새롭고 신선한 만남을 경험하고 있거나 장차 경험하게 될 남녀를 바로 지금 일으켜 세우고 있다. 이러한 만남은 모든 시대에 걸쳐 성도들이 이미 경험했던 오랜 보화이지만, 우리에게는 여전히 새로운 것이다. 이것의 최종적인 결과는 예수님을 향한 황홀함과 사랑에 빠진 기름 부으심을 받은 일군의 무리를 낳게 되는 것이다. 이러한 일군들이 현재의 교회에 팽배한 영적 타협의 문화와 어떻게 조화를 이룰 수 있겠는가?

새 부대
New Wineskin

새 부대는 새 포도주를 경험한 사람들이 사역하는데 필요한 새로운 조직과 같다. 새 포도주의 사람들은 예수님을 신랑으로 만나기 전과는 다른 시각에서 하나님과 자기들 자신, 그리고 사역을 바라보게 된다. 이들은 하나님의 나라에 대한 새로운 가치관과 새로운 패러다임을 갖고 있다. 이렇게 새로운 사랑앓이를 하는 신자들에게는 새로운 조직이 필요하고, 이러한 새로운 조직은 신랑의 사랑과 권능을 경험함으로 발생하는 가치관을 공유하고 있는 지도자들에 의해 훈련되어야 한다. 낡은 부대의 패러다임과 가치관, 그리고 통제력을 가진 사람들은 그런 사람들을 지도할 수 없다.

오순절에 성령이 부어진 결과로 태동한 새로운 조직을 지칭하여 그 세대를 위한 새 부대라고 예수님은 말씀하셨다. 공회 제도는 예수님의 권능과 계시, 그리고 수난을 계속해서 경험해야 하는 사람들의 필요를 채워주기에는 충분한 조직이 아니었다. 낡은 조직이 깨어지면서 포도주가 밖으로 터져 나와 유실될 것에 대해서 예수님은 예언의 말씀을 하셨다. 어부나 전직(前職) 창녀 그리고 세리와 같이 전망 없어 보이는 사람들에 의해서 주도된 신약 시대의 신자 공동체로 그 당시의 낡은 부대(공회당이라는 종교적인 조직)를 대체시키셨다. 성령의 새로운 움직임에 따라 새로운 부대의 필요성이 대두되는 이 원칙은 모든 역사에 걸쳐 수차례 반복되었으며, 말세에도 다시 반복되어질 것이다.

 오늘날, 성령은 신랑의 적극적인 임재를 상징하는 새 포도주를 다시 쏟아 붓고 싶어 하신다. 하나님은 초대 교회에 주셨던 모든 것들을 우리에게 주실 것이다. 주님이 재림하시는 세대에는, 사도행전의 기적들이 출애굽기의 기적들과 한데 어우러질 것이다. 성령께서 누구나 볼 수 있는 완벽한 권능으로 오실 때, 성령과 합치되지 않는 새 부대는 그것이 어떤 것이든 파손되고 깨어질 것이다. 하나님과 하나가 되지 않고서는 하나님과 함께 거할 수 없다. 성령이라는 포도주는 성령에 알맞는 환경과 조직에만 계속적으로 쏟아 부어질 것이다. 부흥이 일어날 때 성령께서 밝혀 주시며 새롭게 강조하시는 진리들은 낡은 제도 하에서는 포도주로서의 제 맛을 제대로 내지 못할 때가 종종 있다. 포도주가 새어나오고 드러난 성령의 임재와 권능이 떠나버리는 일보다 더 비극적인 것은 없다. 요즈음 낡은 조직이 재생되고 새롭게 되는 경우가 더러 있다. 그러나, 대부분은 그렇지 못하다. 사람들이 하나님의 새로운 움직임을 거부해 온 사실을 역사는 보여준다. 우리의 교회나 사역의 구조에서 뿐 아니라 우리의 경험에도 커다란 변화가 오고 있다.

다가오는 시절에는 수백만이 넘는 무명의 사람들이 신랑이신 왕과 재판관으로 예수님을 만나게 되면서 새로운 차원의 하나님의 마음과 권능을 경험하게 될 것이다. 오늘날의 종교 조직은 사랑앓이를 하는 사람들에 의해서 주도되고 있지 않다. 이들은 사랑앓이로 기름부음을 받은 전직 창녀들과 어부들에 대해서 어떻게 처리해야 할지를 모르고 있다. 이러한 사랑앓이의 파도가 교회를 따라 잡게 되고, 그 결과로 이들을 수용할 수 있는 새로운 조직을 낳게 하는 교량 수단 중의 하나가 바로 신랑을 위한 금식이다. 신랑으로서의 예수님에 대한 계시는, 신랑을 위한 금식과 더불어, 낡은 부대에 속한 제도에서 신약 교회의 조직과 삶의 형태로 넘어가게 하는 중요한 요소가 될 것이다.

제4장 하나님께서 우리들에게 주실 모든 것을 갈망하는 것

Hungering For All That God Will Give Us

(다나의 말) 나는 수년전에 주님께서 나에게 하나님을 향한 갈망이 얼마나 부족한지에 대해서 진정한 깨달음을 주시기 시작하셨던 때를 기억한다. 그분은 나에게 충만한 은혜와 실제적으로 경험하는 것과의 차이를 보여주시기를 얼마나 원하고 계시는가에 대해 알게 하셨다. 그분은 내가 더 많이 갈망하면 그 자신을 더 많이 주신다는 원리를 보여주셨고 그것으로 나의 삶은 그분의 의도 하에 혼란스러워지기 시작했다. 영적인 갈망에

대해 하나님으로부터 받을 수 있는 나의 수용력이 커질 때까지, 내가 하나님을 경험하는 데에는 한계가 있을 것이다.

나의 전 생애를 통하여 예수님을 알아왔지만, 한 번도 나는 이러한 내적 갈망이 부족하다고 생각한 적이 없었다. 나는 내 마음이 수용력이 작다는 것을 알지 못했다. 나는 하나님을 매우 사랑한다고 생각했다. 그러나 하나님은 실제로 그를 향한 나의 갈망이 마땅히 그래야만 하는 것에 비해서 작다는 것을 나에게 보여주셨다. 그것을 알게 된 것은 큰 선물이었다. 그 때 나는 "열망을 위한 열망" 혹은 "갈망을 위한 갈망" 속으로 들어갔다. 나는 진지하게 하나님을 원하는 상태와 아직 그를 향한 갈망에 온전히 사로잡히지 못한 상태 사이에 일어나는 긴장 가운데 있었는데, 이것이 바로 하나님께서 나에게 원했던 자리였다. 갈망은 갈망을 낳았고, 때를 맞추어 하나님께서 나의 초기 욕망을 강한 욕망으로 발전시키셨다. 그 후에 하나님이 그렇게 원하셨던 대로 나에게 더 많은 것으로 응답하셨다. 예수님께서 "의에 주리고 목마른 자는 복이 있나니 저희가 배부를 것임이요"라고 말씀하셨다(마 5:6).

예수님께서는 그를 향한 우리의 갈망의 정도에 따라 우리들에게 그의 능력과 임재를 베푸신다. 영적인 갈망은 하나님께서 우리 영에 주실 모든 것을 가지려는 비전을 가질 때 온다. 하나님은 신자들을 사도행전에서 초대 그리스도인들이 경험했던 것보다 훨씬 차원 높은 영역으로 데려가기를 원하고 계신다. 주님은 재림하시기 전에, 역사적으로 교회가 목격했던 것을 넘어서 성령을 부으실 것이다. 하나님께서 성령님과의 만남을 통하여 경험되는 신성한 즐거움과 능력을 우리에게 넘치도록 부어주기 원하시는 절대적인 광대하심은 지금까지 한 번도 생각지도 못했던 것이다(고

전 2:9-12). 그러나 이러한 충만 곧 내적 자아에 주어지는 하나님의 보상의 풍성함은 우리가 추구해야 할 비전이다. 다시 말하자면, 하나님께서는 우리의 갈망에 따라 베풀어 주실 것이다. 그러므로 우리가 첫 번째로 해야 할 일은 갈망해야 하는 것이다.

어떤 사람들은 그들이 하나님에 관해 새롭게 흥미를 가지게 될 때, 그들이 영적으로 배고픈 상태에 있다고 생각한다. 그러나 그러한 흥미정도는 아직 갈망이 아니다. 하나님 나라의 주제에 관한 책을 사는 것도 좋지만 그것은 아직 갈망이 아니다. 갈망은 우리가 더 이상 그것 없이는 살 수 없을 때, 곧 우리가 하나님을 추구하기 위해서 우리 삶의 형태를 급진적으로 변경시킬 때이다. 우리 갈망의 실체를 살펴보는 좋은 방법은 우리가 갈망하는 것을 추구하기 위해서 얼마나 우리의 삶, 시간, 돈, 그리고 안락함들을 재정리하는지의 정도이다

예레미야가 진정한 영적 갈망에 대해서 예언했을 때 주님께서 그를 통하여 다음과 같은 말씀을 하셨다. "너희는 내게 부르짖으며 와서 내게 기도하면 내가 너희를 들을 것이요 너희가 전심으로 나를 찾고 찾으면 나를 만나리라 나 여호와가 말하노라 내가 너희에게 만나지겠고 너희를 포로된 중에서 다시 돌아오게 하되 내가 쫓아 보내었던 열방과 모든 곳에서 모아 사로잡혀 떠나게 하던 본 곳으로 돌아오게 하리라 여호와의 말이니라 하셨느니라"(렘 29:12-14). 하나님께서는 어떤 사람이 진실된 갈망의 마음으로 하나님을 찾을 때, 그를 만날 것이라고 약속하고 계신다.

예레미야는 단지 기도가 하나님께서 요구하시는 것이 아니라고 가르쳤다. 영적인 언어와 거창한 말의 기도가 하나님을 감동시키지 않는다. 하나님께서는 그 사람 마음의 깊은 속을 바로 응시하고 계시며 우리의 영

적 공허함과 황폐함을 보고 계신다. 이것이 서구에 있는 교회들 대부분이 목표에서 벗어나는 이유이다. 우리들이 정기적으로 교회 예배에 출석하고 심지어는 몇 개의 기도모임에도 나갈 수 있다. 하나님께 우리가 그를 사랑하고 그와의 관계 속에서 더 많은 것을 원한다고 말할 수 있다. 그러나 이러한 가운데, 하나님께서는 우리가 그와의 더 깊은 친밀함을 경험하기 위해서 필요한 완전히 다른 삶의 형태를 살도록 우리를 부르신다. 하나님은 기도모임에 정기적으로 출석하는 것보다 훨씬 더 깊은 무엇인가를 원하고 계신다. 하나님은 우리들을 실제적으로 소유하기를 원하신다. 하나님은 우리의 삶이 그를 향한 열망에 의해서 지배되고 다스려지기를 원하신다. 지속적으로 하나님을 추구하는 것에서 영적인 갈망은 가장 중요한 것이다.

우리는 하나님과의 개인적인 만남을 더 필요로 한다. 또한 기사와 표적과 기적들 가운데 나타나는 그의 능력을 갈망한다. 간절한 갈망 뒤에 하나님의 능력이 나타난다. 교회는 나타난 하나님의 능력이 우리의 마음을 깨뜨리도록 금식과 지속적이고도 강렬한 기도로 움직여져야 한다. 우리가 걷는 것보다 마비되어 있는 것을, 보는 것보다 장님인 상태를, 듣는 것보다 귀머거리 상태를 만족하는 한, 이러한 기적들을 경험하지 못할 것이다. 영적인 강렬함 없이는 우리가 열망하는 급진적인 변화는 일어나지 않을 것이다(렘 29:13). 주님께서는 우리들을 주님의 은혜로 충만한 축복이 없이는 살 수 없는 백성으로 만들고자 하신다. 하나님께서 우리에게 주셨던 모든 높은 차원의 비전이 황폐하게 되어서 예전에 누렸던 대로 살 수 없게 되었다. 우리는 우리의 할 일을 하여야 하며, 그러면 하나님께서는 그의 일을 하실 것이다.

영적인 격렬함
Spiritual Violence

　구약성경에는, 신자가 하나님 안에서 경험할 수 있는 것들에 큰 한계가 있었다. 모든 사람들이 성령의 깊은 것(고전 2:10) 안으로 들어갈 수 있는 문은 예수님께서 그의 죽음과 부활 그리고 성령을 사람들의 마음에 보내심(히 10:19-22)을 통해서 새 언약이 수립되었을 때 열렸다. 이전에는 하나님의 성령이 어떤 특별한 일을 이루게 하기 위하여 가끔씩 왕이나 선지자 등의 특정한 사람들에게 기름부음으로 임하곤 하셨다. 하지만 예수님의 죽으심과 부활 이후, 성령님은 모든 사람들에게 가까이 하실 수 있게 되었다. 그는 지금 모든 신자들 속에 거하시며 능력을 부여하고 있다. 하나님의 임재를 갈망하는 모든 사람들은 그를 가까이에서 경험할 수 있게 되었다. 이것은 대단한 전환, 곧 무한하고 영광스러운 선물이며 초청이다. 어떤 일이 일어났는지를 우리가 다 통달하고 있다고 생각하지 않는다. 이로 인해 일어난 모든 일들을 다 알고 이해할 수 있다고 나는 생각하지 않는다. 하나님은 우리 속사람에 거하시는 성령을 통해서 우리에게 모든 것이 가능하도록 하셨다! 하나님이 주신 이 선물의 무게는 너무나 거대해서 우리로 하여금 마땅히 그분을 경외하도록 한다.
　예수님께서는 하나님의 나라가 침노함을 받는다고 가르치시고, 또한 영적 침노가 허락되었을 때 우리가 성령 안에서 어떠한 삶을 살아야 하는지에 대해 완전히 새로운 이해의 문을 열어주셨다. "세례(침례)요한의 때부터 지금까지 천국은 침노를 당하나니 침노하는 자는 빼앗느니라"(마 11:12). 그 나라가 침노를 당한다는 것은 우리가 하나님을 추구할 때에 영적인 침노가 "허락된다"(보상된다 또는 요구된다)는 것을 의미한다. 그렇다. 성령 안에서 우리에게는 모든 것이 가능하다. 그러므로 우리는 그 속으로 적극적으로 걸어 들어가야 한다. 우리는 그것을 붙들어야 한다. 이 구절에서 예수님께서는 우리들을 영적인 격렬함으로 초청하고 계신다. 그리고 다음과 같이 말씀하고 계신다. "하나님의 나라는 침노를 허락한다. 누가 이 초청을 받아들일 것인가?" 이것은 영적 전쟁이라는 명백한 영역보다 더 많은 것에 적용된다. 예수님은 우리들이 거룩하고 격렬한 사랑을 가지고 하나님과의 깊은 교제를 추구하도록, 그리고 "영적인 침노"를 행사하는 삶을 살아가도록 재촉하고 있다.

다시 한 번 말하지만, 금식은 없어져서도 안 되고 다른 것으로 대체되어서도 안 되는 것이다. 우리 삶에서 금식이 요구하는 것과 금식의 영향력은 격렬한 것이다. 금식이 우리 삶에서 요구하는 것과 금식으로 인해 나타나는 영향력은 매우 강력하기 때문이다. 그러므로 금식은 성령님과 하나 되지 않은 우리 삶의 모든 영역을 고백하도록 요구한다. 또한 죄와 사단에 대항해서, 또한 종교적인 영에 대항해서 전쟁을 선포하도록 요구한다. 그러나 금식은 우리들을 우리의 죄악 된 길들로부터 자유하게 하고 하나님의 계시로 충만하게 함으로 우리의 삶을 영광스럽고도 강력하게 한다.

영적으로 격렬하게 된다는 것은 우리가 하나님의 뜻에 복종하기 위해서 자기부인의 어떠한 대가도 지불하겠다는 것을 의미한다. 솔로몬은 그것에 대해 잘 설명하고 있다. "이 사랑은 많은 물이 꺼치지 못하겠고 홍수라도 엄몰하지 못하나니 사람이 그 온 가산을 다 주고 사랑과 바꾸려 할지라도 오히려 멸시를 받으리라"(아 8:7). 다른 말로 하면, 우리의 마음에 사랑이 작용하면, 어떤 값을 치러도 아깝지 않다는 것이다. 어떤 사람은 그가 사랑하는 이를 위해서 값을 전혀 고려하지 않고 기꺼이 그의 전 소유를 줄 수도 있을 것이다. 우리의 영적인 격렬함의 원천은 두려움이 아니다. 그것은 하나님의 사랑이다. 사랑에 근거하지 않은 것은 어떤 종류의 격렬함이나 포기라도 아무 유익이 없다고 바울은 설명했다(고전 13:3). 사랑은 우리의 영적인 강렬함에 불을 붙인다.

철저한 복종은 우리의 육신에게는 파괴적이지만, 우리의 영을 하나님 안에서 높이 날아오르게 한다. 그것은 우리가 시간과 돈을 사용하는 방법, 말하고 즐기는 방법, 그리고 성적 관심의 표현이나 성공과 명예를 추구하는 방법을 직면하게 하고 재정리하게 한다. 그것은 가볍게 여길 일이 아니다. 그것은 우리 삶의 모든 영역에 영향을 준다. 금식이 우리의 육신과 교만을 격렬하게 대적하는 일인 만큼 사단의 나라와 종교적인 시스템에도 영향을 미친다. 그러나 내적으로 견고한 진들이 무너질 때 우리들은 우리의 지어진 목적을 깨닫기 시작하며, 하나님 안에서 자유하게 된다.

예수님께서는 영적 격렬함을 세례(침례) 요한의 격렬한 삶과 연관시키셨다. 그는 요한을 여자에게서 난 자중에 가장 큰 자라고 불렀다(마 11:11). 무엇이 요한을 위대하게 만들었을까? 예수님께서는 무엇 때문에 요한에 대해 이렇게 놀랍게 말씀하셨을까? 분명한 것은 그의 사역의 크기나 그에게 영향을 받은 사람들의 수 때문은 아니었다. 오늘날에 흔히 볼 수 있는 초대형 사역들에 비하면 그들의 수는 매우 적은 것이었다. 예수님께서는 요한의 영적인 격렬함에 대해 말씀하고 계셨다. 요한은 하나님을 따르기 위한 타협하지 않는 확고한 결의가 있었다. 예수님께서 그의 그런 모습을 보고 칭찬을 하신 것이다.

만약 우리가 하나님께 복종하기 위해 단호하게 결심하고 그분을 격렬하게 추구한다면, 우리 또한 하나님 안에서 위대한 자가 될 수 있다. 당신은 언젠가 하나님의 보좌 앞에 서서, "내가 너를 내 앞에 큰 자로 부르노라"는 많은 물소리와 같은 예수님의 실제적인 음성 듣는 일을 상상해 보았는가? 하나님께 위대함이란 사랑, 복종, 그리고 겸손함에 관한 것이다-그것은 하나님을 찾는 사람들 마음속에 있는 단호한 결심에 관한 것이다. 하나님 안에서 큰 자가 되기를 원하면 누구든지 그렇게 될 수 있다. 하늘나라는 침노를 허락하며, 침노하는 자가 빼앗는다.

충만함을 추구하는 것
Pursuing the Full Measure

"또 가라사대 너희가 무엇을 듣는가 스스로 삼가라 너희의 헤아리는 그 헤아림으로 너희가 헤아림을 받을 것이요 또 더 받으리니"(막 4:24). 예수님께서는 우리들에게 듣는 것-하나님의 표준으로 우리가 이해하고 받아들이는 것-을 주의하라고 가르치셨다. 하나님께서 우리들과 갖기 원하시는 친밀함의 기준이 무엇이라고 믿는가? 우리는 정말 하나님께서 말씀에 기록하신 대로의 삶을 사는 자들에게 약속하신 보상들을 믿고 있는가? 우리는 그의 초청을 듣고 있는가? 하나님 안에서 우리의 평생의 비전은 무엇인가?

이것이 우리를 놀라게 하겠지만, 하나님께서는 우리들에게 주실 영적 축복의 정도뿐만 아니라 앞으로 올 시대에 우리의 위대함의 정도까지 우리 자신이 실제적으로 결정하게 하신다. 믿음의 분량이 적으면 그만큼만 얻게 되는 것이다. 진정으로 하나님의 말씀을 들은 사람들은 그분이 말씀하신 것을 믿을 것이고 믿은 대로 행동할 것이다. 하나님께서는 그들에게 진정으로 주기 원하시는 것을 "들은" 자들에게 더 많은 것으로 주실 것이다. 필요한 것은 듣는 자의 자세인데, 그것은 하나님의 약속들을 진실하게 받아들이고 그 약속을 이루기 위해 우리의 삶을 정돈하는 것이다. 우리가 하나님을 경험하는 것을 감히 무엇과 견줄 수 있겠는가? 우리가 무엇을 우리의 유산이라고 주장할 수 있겠는가? 우리들은 하나님께서 우리의 마음에 주실 것에 대한 비전 뿐 아니라 우리의 사역 속에서 우리를 통해 하나님께서 하실 일에 대한 비전을 가질 필요가 있다.

그러나 당신의 비전을 단지 여러분의 사역에만 국한하지 말라. 하나님께서 사랑과 겸손과 계시 안에서 우리를 얼마나 더 깊이 데려가실 지에 대한 비전을 가지고 있어야 한다. 우리는 작은 것에 너무 쉽게 만족해서는 안 된다. 그 이유는, 예수님께서는 우리가 삶에서 기초를 두는 정도에 따라 우리에게 주실 것이기 때문이다. 우리의 기대 혹은 믿음의 정도는 하나님 안에서 끈기 있게 그분을 추구하는것에 따라 정해진다. 만약 우리가 그의 충만함보다 못한 어떤 것에 머무는 것을 과감하게 거절한다면, 우리는 우리가 갈망하는 만큼 보상을 받을 것이다.

대가를 지불하는 것
Paying the Price

대부분의 그리스도인들은 성결과 철저한 복종에 대해서 설교 듣는 것을 좋아하지 않는다. 실제적으로 그들의 시간과 돈에 영향을 받는 실생활에서 이러한 원리들로 살아야 한다는 것은 서구 교회를 불편하게 하는 것이다. 그것은 아직 백퍼센트의 복종 안에서 살기로 결단하지 않은 신자들을 정죄받도록 한다. 그것은 자동적으로 비난의 느낌을 갖게 하기 때문이다.

하나님께서는 영적인 헌신에 보상하신다. 하나님은 우리가 추구하는 만큼 열어주실 것이다. 그러나 대가가 있다. 복종의 대가는 불명료한 것은 아니지만, 간단히 말할 수 있는 것도 아니다. 이 부분에서 긴장이 조성되기 시작한다. 우리는 타협, 이기적인 안락, 교만, 두려움, 그리고 종교적인 추론을 내려놓아야 한다. 복종은 실생활의 실제적인 이슈 안에서 이루어져야 하는 것이다. 단지 급진적인 것만을 사랑하는 사람들이 주의해야 할 점이 있는데, 그것은 복종이 무책임으로의 초청이 아니라는 것이다. 우리가 하나님께 복종하기 위해 하나님께서 우리에게 주신 책임들을 저버릴 필요는 없다. 그것은 모순이다. 말하고자 하는 것은, 하나님께서 우리에게 무엇을 하라고 말씀하실 때 듣고 복종하려는 자기부인이다.

다윗 왕은 철저한 복종과 불타는 열정의 삶을 살았는데, 그로인해 그는 그의 가족을 포함해서 많은 사람들의 존경을 잃었다. 시편 69편은 메시야에 대한 시로써, 다윗의 삶과 기도를 표현하면서, 동시에 메시야 예수님을 가리키고 있다. 다윗은 하나님을 향한 그의 열정 때문에 비난을 감수해야 했던 것에 대해 말하고 있다(7절). 그는 하나님을 격렬하게 추구하는 것 때문에 조롱을 당했다. 그는 "그의 형제들에게 객"과 같이 여겨지고 있음을 느꼈다(8절). 그의 친구들과 가족들은 그의 가치관과 행동들 그리고 삶의 양식이 그들과 너무 달랐기에 그를 더 이상 인정하지 않았다(9절). 하나님을 향한 열심이 그를 태워버렸고, 그 때문에 그는 거절을 당했다. "내가 주를 위하여 훼방을 받았사오니 ... 내가 내 형제에게는 객이 되고 ... 주의 집을 위하는 열성이 나를 삼키고 주를 훼방하는 훼방이 내게 미쳤나이다 내가 곡하고 금식함으로 내 영혼을 경계하였더니 그것이 도리어 나의 욕이 되었으며 ... 내가 저희의 말거리가 되었나이다 성문에 앉은 자가 나를 말하며 취한 무리가 나를 가져 노래하나이다"(시 69:7-12).

다윗은, 다른 사람들의 시선으로는 평범하게 보이지 않았다. 사람들은 더 이상 다윗을 이해하지 못했다. 다윗은 너무 변했고, 그의 친구들은 예전의 그를 잃었다고 생각하며 슬퍼하였다. 다윗은 기꺼이 비난을 받았으며 어리석게 보이는 것을 감수하였다. 그는 주님을 향한 열정을 가지고 울었고 금식하였다. 이것이 그에게 더 심한 비난을 가져다주었다(10절). 금식은 우리의 마음을 부드럽게 한다. 금식가운데 흘리는 눈물은 회개의 눈물일 뿐 아니라 유연하게 만드는 눈물이다. 다윗의 가족들은 그가 금식하는 것을 좋아하지 않았고, 그의 눈물도 좋아하지 않았다. 그 모든 것이 그의 주변에 있는 사람들을 불편하게 했다(11절).

그때와 마찬가지로 지금-그렇다. 바로 오늘이다-하나님께서는 세례(침례) 요한이 그랬던 것처럼 영적인 격렬함을 가지고, 그리고 다윗 왕이 가졌던 그 과격한 열정을 가지고 하나님을 추구하는 자들을 일으키고 계신다. 우리들은 금식을 함으로써 다윗과 세례 요한이 가졌던 열정으로 하나님을 추구하게 된다. 다음 장에서, 우리들은 왜 하나님께서 우리가 금식을 하기 원하시는지에 대해 다룰 것이다.

제5장 금식:
자발적으로 약함을 받아들이는 것
Fasting: Embracing Voluntary Weakness

여러 계시를 받은 것이 지극히 크므로 너무 자고하지 않게 하시려고 내 육체에 가시 곧 사단의 사자를 주셨으니 이는 나를 쳐서 너무 자고하지 않게 하려 하심이니라 이것이 내게서 떠나기 위하여 내가 세 번 주께 간구하였더니 내게 이르시기를 내 은혜가 네게 족하도다 이는 내 능력이 약한 데서 온전하여짐이라 하신지라 이러므로 도리어 크게 기뻐함으로 나의 여러 약한 것들에 대하여 자랑하리니 이는 그리스도의 능력으로 내게 머물게 하려함이라(고후 12:7-9).

세 번 태장으로 맞고 한번 돌로 맞고 세 번 파선하는데 일주야를 깊음에서 지냈으며 여러 번 여행에 강의 위험과 강도의 위험과 동족의 위험과 이방인의 위험과 시내의 위험과 광야의 위험과 바다의 위험과 거짓 형제 중의 위험을 당하고 또 수고하며 애쓰고 여러 번 자지 못하고 주리며 목마르고 여러 번 굶고 춥고 헐벗었노라(고후 11:25-27).

금식은 하나님의 능력과 임재를 더 많이 경험하기 위해서 자발적으로 약함을 받아들이라는 부르심이다. 아마도 약함만큼 매력적이지 않은 것은 없을 것이다. 그래서 자발적으로 약함을 받아들인다는 것은 우리들의 마음을 쉽사리 끌지 못한다. 그러나 이것은 하나님의 초청이다. 성령님으로부터 힘을 얻기 위해서 육신적인 면에서 약해져야 한다는 것은 역설적인 진리이다. 왜 하나님께서 우리가 그분을 만나는 방법으로 금식을 그렇게 중요한 것으로 선택하셨을까? 왜 하나님께서 기도와 먹지 않는 것이라는 단순한 일을 그렇게 강력한 도구로 만드셨을까? 본성적으로 우리들은 약함을 경멸하고 모든 형태의 모자람을 거부하기 때문에, 우리의 본성의 머리로는 그것을 잘 이해할 수가 없다. 우리들은 강하고 능력 있다고 느끼고 싶어하며, 나약하고 유약하다는 느낌을 싫어한다. 그러나 하나님께서 우리들로 하여금 피할 수 없게 하신 약함의 영역에는 무엇인가가 있다.

예수님의 성육신은 약함이라는 것이 사람들을 사랑 안에서 그에게로 이끌어오는 하나님의 계획에 있어서 없어서는 안 될 부분이라는 것을 분명히 해준다. 예수님의 생애에 대해서 생각할 때, 하나님 자신이 인간의 약한 육신을 입으시고 지상에 사심으로 기꺼이 육체적인 약함들을 받아들이셨다는 것을 알 수 있을 것이다. "우리에게 있는 대제사장은 우리 연약함을 체휼하지 아니하는 자가 아니요 모든 일에 우리와 한결같이 시험을 받은 자로되 죄는 없으시니라"(히 4:15). 우리는 그가 우리 중의 한 사람이 되어 그 자신을 우리가 경험하는 동일한 약함에 참여시켰기 때문에 그를 형제라고 부를 수 있다. 이것은 우연이 아닌 하나님의 완전한 계획이었다.

바울이 약함 가운데 살라는 하나님의 부르심과 씨름하고 있을 때, 예수님께서 그의 삶에 베풀어지는 하나님의 능력이 약함을 기꺼이 받아들이는 그의 태도와 연관이 있다는 것을 계시해 주심으로 그를 격려하셨다(고후 12:9). 이것은 금식의 목적을 이해하는데 기초가 되는 놀랄만한 계시이다. 위의 구절들(고후 11-12장)에서 바울이 말했던 약함들은 도덕적인 것이 아니라, 그의 경건한 선택의 결과들이었다. 그것들은 두 가지로 분류할 수 있다. 첫째, 우리들은 바울의 생애를 통해서 자발적으로 선택한 약함들을 볼 수 있다. 이것들은 기도, 금식, 단순한 삶, 그리고 겸손과 부지런함으로 섬기는 삶을 포함한다. 둘째, 바울의 사역 속에는 자발적으로 가진 것이 아닌 약함들이 있다. 그것은 육체의 가시, 핍박, 질병, 치욕, 그리고 곤궁을 포함한다. 바울이 그의 약함을 자랑할 때(고후 12:9), 그는 자발적이지 않은 약함과 금식이라는 자발적으로 가진 약함 모두를 말하고 있었다.

능력과 연약함의 역설적인 진리
The Paradox of Power and Weakness

"내 능력이 약한데서 온전하여짐"이라고 바울이 말했을 때, 바울이 그의 약함 가운데 경험했던 이 온전하여진 능력은 무엇일까? 그것은 더 큰 차원의 하나님의 능력이다. 많은 사람들이 완전해진 능력 안에서 살기를 원하면서, 그 능력의 삶으로 들어가기 위해 필요한 약함을 받아들이는 것은 원치 않는다. 서구 문화는 약함을 싫어한다. 우리들은 약해지는 것을 경멸한다. 그러나 약함은 영적인 힘을 갈망하는 사람에게는 필수적인 것이다. 바울은 "그러나 하나님께서 세상의 약한 것들을 택하사 강한 것들을 부끄럽게 하려 하시며 ... 이는 아무 육체라도 하나님 앞에서 자랑하지 못하게 하려 하심이라"(고전 1:27, 29). 하나님께서는 우리가 가장 약한 상태에 있을 때 자신을 가장 많이 드러내신다. 바울은 그가 고통 받았던 핍박 가운데서도 자랑하였고, 심지어는 기뻐하는 자리에까지 나아갔다. 이것이 많은 사람들을 혼란스럽게 하였다. 그러나 그의 추론은 간단하였다. 그는 약함은 하나님의 능력으로 들어가는 출입구이며, 그러므로 회피해서는 안 된다는 하나님의 계시를 갖고 있었다. 바울은 그의 삶 가운데 임하는 하나님의 능력을 보기 원했고, 그것을 경험하는 가장 확실한 길은 그것이 자발적이든 아니든 자신의 약함 가운데 있다는 것을 알고 있었다.

    하나님께서 그의 왕국을 운행하시는 방법은 역설적인 것들이다. 하나님은 우리가 통상적인 지혜로 생각하는 방법으로 일을 행하시지 않는 것 같다. 이러한 역설적 진리들 중의 하나는 하나님께서 우리의 육체적인 약함에 대한 응답으로 영적인 능력을 베푸신다는 것이다. 금식은 본래 배고픔으로의 부름이 아니다. 금식에 있어서 가장 도전적인 이슈는 배고픔이 아니라 그것이 가져다주는 육체의 약함이다. 육체적으로 약하게 되면, 우리는 늘 하던 방식으로 기능할 수 없다. 우리의 생각은 흐려지고, 우리의 움직임은 불안정하게 되며, 의사소통은 미약해지고, 기억은 침침해진다.

위대한 용사였던 다윗조차도 금식할 때 육체적으로 약하게 되었다고 했다(시 109:24). 바울과 다윗 모두 금식으로 인한 약함을 자발적으로 받아들였고, 금식과 기도의 약함과 어려움 속에 자신을 자발적으로 종속시켰다. 바울과 다윗처럼 우리들도 이러한 약점들을 받아들일 것인지 방치할 것인지에 대해 선택을 해야 한다. 그것들을 받아들이자. 우리 자신의 힘을 내려놓자. 그리고 단지 하나님만이 공급하실 수 있는 능력을 향하여 서서히 앞으로 나아가자.

금식은 육체를 드러내고 잠잠하게 한다
Fasting Reveals and Silences the Flesh

우리가 우리 자신을 금식과 기도에 헌신하여서 우리의 육신을 잠잠케 할 때 경험하게 되는 첫 번째 사실들 중 하나는, 우리 속에서 들려오는 땡그렁 소리가 상상하는 것보다 크다는 것이다. 우리의 원하는 것들과 열망들이 얼마나 시끄러운 것인가 하는 것은 자기부인을 통해 가장 잘 나타나게 된다. 서구 문화 속의 서구 교회 안에 있는 우리들은 슬프게도 우리의 자연적인 갈망들이 즉각적으로 만족되는 길을 찾고 있다. 그리스도인들조차도 이것을 정욕의 지배력에 의해서 사로잡히는 삶으로 직시하기보다는 덕스러운 것으로 보며 속임을 당하고 있다. 내면에서 아우성치는 소리가 일어날 때, 늘 살아가던 식의 삶으로 돌아가기 위해 그 소리를 멈추게 하고 그 갈망들을 침묵시키기 위해 필요한 것이라면 무엇이든지 재빨리 없애버린다. 금식은 우리 자연인의 포효와 갈망들을 드러내어 침묵시킨다. 우리의 육신은 자연 상태에서는 우리의 영을 지배한다. 금식은 이 지배를 의도적으로 벗어나기 위한 일시적인 방법이다. 금식으로 우리 영의 몸이 잠시 동안 상위의 위치를 얻는다.

성경은 자기부인의 필요성을 가르치고 있다. 그것은 예수님을 따르기 위해서 우리의 십자가를 지는 것이다(마 16:24). 기분 좋은 것과 이생의 안락들로 우리의 육신을 지탱하는 것은 하나님 나라의 백성들의 목적이 아니다. 금식은 우리를 기분 좋게 하는 문화와 정면으로 맞선다. 금식은 우리가 얼마나 이러한 거짓되고 시시한 안락함들을 의존하고 있는가에 대해 뜻밖의 깨달음을 가져다준다. 기본적인 사실은 내가 배가 고플 때 내 몸이 좋은 느낌을 가지지 못한다는 것이다. 내가 좋은 느낌을 갖지 못할 때 또 음식과 친구들과 재미있는 것으로 달랠 수 없을 때, 내 영혼의 곤고함이 드러난다.

우리들과 우리의 기독교 문화는 하나님께 완전히 버림받았다는 속임수에 빠져 있다. 사실 우리들 대부분은 알지 못하는 가운데 영적으로 질식되어 있고 둔해져 있다. 금식의 삶은 우리들을 울부짖는 영혼의 급류 아래에 둠으로써 우리 영적 건강의 실제를 보게 한다. 우리의 실제적인 상태는 어떠한가? 우리들은 그릇된 쾌락과 보장들에 집착하고 있다. 하나님의 음성을 들을 수 있는 수용력이 아주 작다. 사람으로부터 인정받는 것을 열망한다. 우리의 평판이 나빠지는 것을 방어하고자 한다. 우리의 영혼을 오락과 음악 그리고 텔레비전으로 만족케 하려 한다. 그러한 것으로 흡족해 하며 기도하는 것으로부터 멀어져 간다. 우리는 권위에 복종하기보다는 우리의 판단에 따른다. 우리의 삶을 평온케 하기 위하여 바깥의 자극제들을 의존한다. 그 목록들은 수도 없이 많다. 금식과 기도의 본질은 이러한 모든 "주변의 소리"로부터 우리들을 분리시키는 것이다. 이러한 새로운 고요 속에서, 우리는 인식하지 못했던 중독증과 영적인 둔화와 강제적으로 대면하게 된다.

아무도 자신의 어두운 면이 폭로되고 자신의 중독증이 드러나는 것을 좋아하지 않는다. 자연인으로서의 우리들은 하나님과 그의 말씀과는 다른 자극제들에 의해서 지탱되는 삶을 살곤 한다. 이것이 금식에 있어서 하나님으로부터의 귀한 선물인 갈망의 역할이 필요한 이유이다. 우리가 금식과 기도 그리고 전적인 약함 가운데 우리 자신들을 자발적으로 하나님 앞에 드리고, 그렇게 하므로 성령께서 우리 속에 있는 그릇된 집착과 경건치 못한 애착들을 드러내시는 일은 지금 현재 우리의 모습에 불만을 느끼게 한다. 오직 하나님과의 친밀함에 대한 깊은 열망만이 우리들을 기꺼이 우리 육신이 드러남으로 인해 따르는 고통을 견뎌내도록 설득할 수 있을 것이다. 그러나 우리 영혼이 그 다음에 올 모든 애착물과 일시적인 애착물들로부터 자유케 되었을 때만이 하나님의 마음을 제대로 알 수 있다는 것을 깨달아야 할 것이다. 우리는 사랑을 위하여 이러한 시련 가운데 우리의 마음을 기꺼이 내어 놓는다. 우리들은 "하나님, 당신께서 드러내셔야 하는 내 속에 있는 것들을 드러내십시오. 저의 마음을 정결케 하고, 저의 육신을 잠잠케 하며, 저를 당신께로 더 가까이 가게 하기 위해서 당신이 하셔야 할 것은 무엇이든지 다 하십시오!"라고 부르짖는다.

금식은 겸손하게 만든다
Fasting Brings Humility

금식은 우리를 약하게 할 뿐만 아니라 겸손하게 한다. 다윗 왕은 그가 자신을 금식으로 겸비하게 했다고 한다(시 35:13). 몸은 피곤해지고, 정신은 몽롱해지며, 힘은 사라지는데, 이것은 단순히 우리 몸의 기능이 온전하게 역할을 수행하지 못한다는 것을 의미한다. 정상적으로 쉽게 해내던 일들을 하는 것이 어려워진다. 그렇다. 우리가 금식할 때, 우리는 명백히 자연적인 영역 안에서 최상의 상태에 있지 않다. 대부분의 사람들이 이것이 다른 사람들 앞에서 뿐만 아니라 그들 자신의 영혼 안에서 겸비케 되는 것이라고 알고 있다.

금식의 핵심은 "우리의 영혼을 괴롭게 하는"(사 58:5) 것이다. 이것은 중세시대에나 하는 말처럼 들릴 수 있지만, 하나님과 더 깊이 만나고자 하는 우리의 절박한 추구를 표현하는 성경적인 방법이다. 우리들은 힘과 안락과 쾌락을 포기함으로써 상당한 대가를 치뤄야 한다. 금식이 항상 "효과가 있는" 것 같지는 않다. 때때로 우리는 분명한 결과도 없는 금식을 하기도 한다. 이것이 훨씬 더 우리를 겸손하게 한다. 우리들은 우리가 잘 이해하지 못하고 잘 제어하지 못한다는 것을 받아들여야 한다. 그러나 우리들을 겸손케 하는 것 중 하나는 우리의 감각보다는 하나님의 말씀을 믿기로 결심하고 계속 금식과 함께 기도하는 것이다. 우리들은 하나님께서 그를 부지런히 찾는 자들에게 상주시는 분이시라는 것을 확신하고 있어야 한다(히 11:6).

합법적인 쾌락들에 탐닉하는 것을 극복하기
Overcoming Addictions to Legitimate Pleasures

우리의 영혼을 자극하는 쾌락들에는 세 가지 일반적인 부류가 있다. 그것들은 불법적인 쾌락과 영적으로 유익을 주지는 않지만 합법적인 쾌락과 하나님의 말씀에 의해서 살아가는 것으로부터 오는 경건한 쾌락이 있다.

불신자들은 주로 불법적인 죄로 가득 찬 욕망들과 환상들에 의해 살아간다. 그들은 만약 그들이 좀 더 나은 관계와 직업, 그리고 경제적 성장 등을 계속해서 얻으면, 그들의 삶과 미래가 얼마나 더 나아질까 하는 온갖 상상들로 살아갈 힘을 얻는다.

신자인 우리들은 이 모든 불법적이고 죄로 가득 찬 욕망과 환상들을 거부해야 한다(마 16:24). 우리의 보다 큰 도전은 합법적인 쾌락의 영역에 있다. 통상적인 기독신앙은 영적인 것을 강화하는 것은 아니지만 고상한 것으로 삶을 채움으로 우리가 종교적이 아니라는 것을 증명한다. 이러한 것들은 그 자체로 죄가 되는 것은 아니지만, 우리의 삶을 성령 안에서 성장시키지도 않는다. 또한 우리들을 하나님과의 더 깊은 교제로 인도하지 못한다.

삶의 가장 높은 차원의 인간의 영은 자연적인 자극물들이 아닌 하나님의 말씀에 의해 살도록 창조되었다. 우리의 신체는 음식을 필요로 하지만, 우리의 영혼은 하나님의 말씀에 의해서 지탱되고 자극받아야 한다. "사람이 떡으로만 살 것이 아니요 하나님의 입으로 나오는 모든 말씀으로 살 것이라 하였느니라"(마 4:4).

우리의 영혼은 하나님과 그의 말씀이 아닌 그 외의 수많은 것들로 자극을 받는다. 우리가 음식, 오락, 위락, 돈, 음악, 활동, 그리고 심지어는 목회 사역들과 같은 것들로 우리의 약함을 지탱하고 있기 때문에 있는 그대로의 벌거벗은 모습은 거의 노출되지 않는다. 19세기의 능력 있는 전도자였던 찰스 피니(Charles Finney)는 너무나 많은 사람들이 그들을 나쁘게 만들지는 않지만 하나님과의 교제 안에서 우리의 영혼을 성장시키지 못하는―그는 그러한 것을 '무해한 오락들'이라고 불렀다―것에 속하는 것에 대해서 말했다.

많은 신자들이 절대적으로 순수한 마음으로 하나님을 섬기기 위해서는 이러한 자극물들을 버려야 한다는 생각에 두려워한다. 그러나 우리의 영혼이 그렇게 많은 활동으로 가득 차있는데 어떻게 하나님을 위하여 애통해 할 수 있겠는가? 어떤 경우에는 우리 마음의 육신적인 움직임을 거의 알아차리지 못할 정도까지 우리의 영이 둔해질 수 있다. 금식은 우리가 하나님 말씀의 음성을 더 분명하게 듣기 위하여, 의도적으로 이 세상에 속한 쾌락들을, 심지어는 정당한 것들까지도, 침묵시키는 것을 말한다. 금식을 통해 우리의 그릇된 경향, 동기, 그리고 열정들을 의식하게 된다. 또한 금식을 통해서 우리의 자아가 눌리고 우리의 영이 부드러워지면, 우리 영의 사람이 우위를 차지하고 이 시대의 영을 따라 사는 대신 보이지 않는 세계의 실체와 즐거움에 따라서 살게 될 것이다.

금식은 영적인 즐거움을 향상시킨다
Fasting Enhances Spiritual Pleasure

　금식은 우리로 즐거움을 누리지 못하게 하는 것이 아니라, 오히려 그것을 향상시킨다. 이것이 이상하다고 생각되는가? 우리들은 퇴행적으로 생각하는 문화 속에서 자랐다. 우리는 육체가 원하는 것을 만족시켜주면 더한 생명력을 경험할 것으로 배워왔다. 그러나 이것은 단순한 자연적인 차원에서조차도 틀린 것이다. 영양학자들은 우리가 더 많이 먹을수록, 우리의 미각이 떨어진다고 한다. 배가 고프지 않을 때, 맛을 덜 느끼는 것은 사실이다. 우리가 더 많이 탐닉할수록, 우리의 감각은 점점 더 둔해진다. 육체적 영역에 있어서, 절제가 육체적 행동들을 통해서 얻는 즐거움을 증대시켜 준다. 육체에 대한 과도한 탐닉은 육체의 즐거움뿐만 아니라 영적 감각까지도 빼앗아 간다는 것을 이해할 수 있을 것이다. 이러한 사실로 육체의 쾌락에 대한 올바른 관점을 갖게 된다.

　우리의 가장 큰 즐거움은 예수님의 인성에 관해서 마음껏 즐길 때 온다는 것이 진리이다. 우리가 그와의 친밀함을 위해서 추구하는 것 중에 금식이 포함된다. 왜냐하면 금식으로 우리의 육체가 성령의 생명과 적절한 관계를 맺게 되기 때문이다. 우리의 영혼이 비록 육체 안에서 살고 있지만, 그 육체의 쾌락과 열정들에 노예가 되도록 설계되어 있지는 않다. 만약 우리 영의 사람이 육체를 제압하기 원한다면, 우리들은 의도적으로 억제하기 어려운 욕망들을 침묵시켜야만 한다. 오직 육체적 열정들을 적절하게 부정하는 것은 인간의 육체적이고 감정적인 면들이 성령 안에서 더 우월한 생명의 즐거움을 경험할 수 있게 한다.

하나님께서는 금식을 우리의 육체적인 삶을 좌절시키기 위해서가 아닌 더 강화하기 위해서 제정하셨다. 우리들은 보통 금식을 우리의 몸에 반해서 싸우는 행동으로서 받아들이지만, 사실 그것은 우리의 몸을 풀어주기 위해서 고안된 것이다. 육체적으로든 영적으로든 우리에 대항해서 전쟁을 하고 있는 것은 이 세상의 시스템이다. 하나님께서는 우리 육체의 몸을 금식을 통해서 가장 높은 자리에까지 들어가서 그를 경험하도록 지으셨다.

규칙적으로 금식하는 것
Fasting Regularly

금식은 우리가 가끔씩이 아니라 더 자주 받아들여야 할 선물이다. 금식은 우리 삶의 양식이 되어야 한다. 그것은 일 년에 몇 차례 팔에 맞는 주사와 같이 사용되도록 의도된 것이 아니라, 예수님의 더 많은 것을 경험하기 위하여 우리의 영적인 용량을 키우는 데 유용한 하나의 수단으로써 우리 삶의 지속적인 한 부분이 되도록 고안된 것이다.

우리가 금식을 더 많이 하면 할수록 금식은 더 쉬워진다. 우리가 금식을 정기적으로 할 때 실제적으로 우리 몸의 리듬이 바뀐다. 그것은 운동하는 것과 비슷하다. 우리가 운동하지 않다가 운동을 시작하면, 처음에는 힘이 든다. 심장혈관 시스템이 속도를 늦추어달라고 비명을 지르고, 다음 날 근육이 쑤시고 아프다. 우리 몸이 적응할 때까지 한 계절 정도는 꾸준히 운동을 해야 한다. 같은 식으로, 우리가 금식의 자연스러운 리듬 속으로 움직여 들어갈 때, 우리 몸은 순응하며 감정도 변화될 것이다.

금식에 대한 두려움은 금식 그 자체보다 더 나쁘다. 현대의 삶의 속도가 우리에게 요구하는 것으로 비추어 볼 때 오늘날의 그리스도인들은 금식이 비실제적이라는 거짓에 속는다. 사실, 금식은 우리에게 너무 힘든 것도 불편한 것도 아니다. 우리는 피곤해질 수 있지만, 하나님께서 옛 신자들에게 주셨던 것과 같은 은혜가 우리들에게 주어질 것이다. 실제적으로, 역사상 그 어느 때보다도 훨씬 더 높은 비율의 그리스도인들이 마지막 때에 금식의 은혜 속으로 들어갈 것이다.

광야에 들어가는 것
Entering the Wilderness

금식은 우리가 잠시 동안 해보는 어떤 개념이나 새로운 활동 이상의 것이다. 그것은 우리의 기도 생활에 있어서 하나님 안에 있는 더 크게 열려진 영역으로 들어가는 개인적인 여정이다. 이러한 기도의 여정은 금식에 의해서 강화되고 증폭되는데, "광야 생활"이라고 부르기도 한다. 약함과 광야는 거의 동의어이다. 구약성경에 있어서 광야는 시험과 훈련이며 하나님과 만나는 장소였다. 광야에서는 오로지 하나님께 의지해야만 지탱해 나갈 수 있다. 거기에는 하나님 외에는 아무것도 없다. 금식에 대해 "예"라고 말함으로 우리는 자발적으로 광야로 들어간다. 우리는 초자연적인 힘을 얻기 위하여 자연적인 약함을 받아들인다.

하나님께서는 그의 많은 택한 종들을 광야에서 훈련하셨다. 모세는 그의 나이 80세가 될 때까지 광야에 있었다. 다윗은 광야에서 성숙되었다. 요셉의 감옥에서의 경험은 광야의 기간이었다. 엘리야는 광야로 피난을 갔으며, 세례(침례) 요한은 광야에서 살았고, 바울도 광야에서 3년을 살았으며, 예수님께서는 금식하기 위하여 광야로 가셨다.

하나님의 신비 가운데 하나는 우리가 약함과 광야 속에서 하나님의 능력으로 들어가는 출입구를 발견할 수 있다는 것이다. 이러한 신비는 솔로몬의 아가서에 있는 신부의 여정 끝에서 드러난다. 사랑하는 예수님을 의지하는 신부를 대표하는 술람미 여인은 광야로부터 일어난다. 그녀가 예수님의 힘을 의지하면서 의기양양하게 지상에서의 그녀의 삶의 여정으로부터 올라갈 때 그녀의 약함 가운데서 완전하게 하시는 예수님의 힘의 비밀을 발견한다. "그 사랑하는 자를 의지하고 거친 들에서 올라오는 여자가 누구인고"(아 8:5).

기도와 금식의 광야에서, 우리는 우리 영혼의 메마른 모습을 직면하게 된다. 자발적으로 들어간 이 광야는 삶이 완전히 전환되는 장소이다. 거기에서 우리는 야곱이 했던 것처럼 하나님과 씨름하게 된다. 하나님께서 그 과정 가운데 우리를 변화시킬 것이다. 우리들은 자발적으로 "더 나은 즐거움들"을 얻기 위해서 "정당한 쾌락들"의 어떤 부분들을 금한다. 금식의 광야는 그릇된 안락과 힘과 보장으로부터 우리들을 떼어놓는다. 우리는 우리의 영혼이 하나님보다 다른 수천 가지의 것에 의해서 어떻게 지탱되고 있었는지와 또 그러한 지탱물들이 제거되었을 때 하나님과 다른 사람들을 위해서 사랑을 느끼는 것이 얼마나 힘든지를 파악하게 된다. 우리들이 알지 못하는 가운데 이 시대의 영의 영향 아래에서 둔해져 있지는 않는가? 우리 사회의 소비주의에 포로가 되어 있지는 않는가? 너무 많이 먹고 너무 많이 자고 너무 오락을 즐기는 것에 의해서 소경이 되어 있지는 않는가? 우리 마음이 너무 적은 하나님의 말씀과 너무 많은 세상적인 안락함으로 굳어져 있지는 않나? 대부분의 경우 '예'라고 답할 것이다. 그 해법은 자발적으로 기도와 금식의 광야에 들어가는 것이다.

버팀목을 차서 치워버리기
Kicking the Pops Away

하나님께서는 우리가 열등한 쾌락과 죄로부터 더 나은 복음 안에서 누리는 즐거움으로 옮겨 가는 과정 가운데 지체의 기간을 정하셨다. 우리는 하나님의 말씀에 따라 주도적으로 살아가고 부차적으로 지금 대부분의 우리가 살아가는 방법 대신에 하나님께서 우리에게 주시는 합법적인 쾌락들을 즐기는 삶으로 옮아가야 한다. 다른 한 편으로, 삶의 이전을 통해 우리는 하나님 안에서 실제적이고, 심오하며, 능력 있는 삶을 누릴 수 있다. 그것은 하나님의 말씀에 의해서 주도적으로 영양을 공급받고, 자극받으며 지탱되는 삶이다. 이러한 전환과정에는 극복해야 할 장애물들이 있다. 이러한 방해물들은 극복될 수 있으며, 이것이 우리 삶의 완전한 체질개선의 과정이다.

일상적인 육체적 안락함을 지탱해주는 것들을 계속 억누르고 있을 때, 우리는 진실의 눈으로 우리의 비참함과 영적 메마름을 보게 된다. 휴면 중이었던 것이 표면으로 올라온다. 허리케인 카트리나 후에 안락함을 지탱해주던 모든 것들이 사라진 수퍼돔에 있던 사람들로부터, 우리들은 표면의 바로 1 인치 아래 있던 분노가 그 추한 얼굴을 드러낸 것을 볼 수 있다. 이러한 분노는 하나님의 은혜가 없다면 우리에게도 나타날 것들이다. 이러한 약함을 직면하는 것은 고통이지만, 아주 작은 분량일지라도 하나님을 더 경험한 후에는 육신에 의해서 주도적으로 끌려가던 삶의 옛 형태로 다시 돌아갈 수 없다는 것을 알게 된다.

우리들 중의 많은 사람들이 자발적으로 우리의 옛 자극물들과 안락함으로부터 금식하지만 아직은 영적인 자극물들이 우리 속에서 나타내 보여지지 않는 어떤 "사이에 끼어서 매달려 있는 상태"를 경험한다. 한 계절 동안에는 금식의 쓰라린 허전함을 느끼면서도 아직 성령 안에서는 더 나은 즐거움들을 경험하고 있지 못하는 경우도 있다. 하나님 안에서 활기찬 삶에 관한 무엇이 다가오고 있다는 것과 우리 뒤에 있는 싸움에 관한 것의 비전은 가지고 있지만, 우리는 아직 그 모든 실체를 알지는 못한다. 하나님 안에서 우리가 알아야 할 영역들에 대해 약간의 맛은 보았지만, 그 지식이 우리의 옛 탐닉들을 끝낼 수 있을 만큼 우세하거나 압도적이지 못하다. 우리가 힘써 추구했던 그 우월한 즐거움들이 경험되어지지 않을 때 종종 하나님께로 향한 너무 높은 차원의 비전 때문에 힘을 잃었다고 생각하여 안락을 주던 옛 자극물들로 돌아간다. 그 과거의 길은 우리들을 만족시킬 힘을 갖고 있지 못하며, 또한 우리는 아직 새로운 길을 받아들일 여지도 가지고 있지 못하다. 우리들은 두 영역 가운데 매달려 있는 것처럼 느낄 수 있다. 그러나 금식하는 삶의 양식에 들어온 여러분을 환영한다!

우리들은 아직 생명과 능력을 위해서 우리가 필요로 하는 바로 그것을 위한 수용력을 개발하지 못하고 있다. 우리들은 이것의 역동성을 음식과 햇빛과 운동에 관한 자연의 세계에서 보고 있다. 방금 굶주림에서 구출된 사람은 바로 음식을 제공받아도 대부분을 소화할 능력이 없다. 오랫동안 어두움 속에 갇혀있었던 사람은 햇빛을 열망하였더라도, 처음에는 그 밝기를 참기가 너무 고통스럽다. 수년 동안 운동하지 않은 사람은 첫 날에 오랜 시간을 심하게 운동할 수 없다. 우리들은 전환기에 있으며, 우리가 열망하는 것 속으로 들어가기 위하여 우리의 수용력을 더 키워야 한다. 이것이 사랑 안에서 앞으로 나아가는 우리 여정이다. 우리들은 하나님을 향한 우리의 갈망으로 여기까지 오게 되었다. 삶의 완전한 전환 과정을 통해서 하나님께서 그를 향한 우리의 갈망에 응답하실 것이지만, 바로 지금은 아니다.

이러한 전환기 동안에, 우리들은 잠시 동안 자유낙하의 익숙치 않은 불안정한 상태 속에 남겨지게 된다. 이 위치에서 하나님께서 겸손을 만드신 것이다. 그것은 귀한 것이다. 우리 자신의 여정의 어려움 때문에, 우리들은 다른 사람들을 판단하는 태도를 덜 갖게 된다. 끊임없이 우리 자신의 여정의 달콤함과 고통을 기억할 때, 그 전 과정이 우리 속에 겸비함을 만들어낸다. 그러나 전환기는 끝이 있을 것이다. 예수님에 의하면, 심령이 가난한 자와 배고픈 자와 하나님을 위해 애통하는 자는 복을 받을 것이며 채워질 것이다(마 5:3-6).

주님께서는 광야에서 기쁨을 발견하는 것에 관하여 권위를 가지고 말할 수 있는 백성을 일으키고자 하신다. 세계의 그리스도의 몸이 시대 말에 이러한 동일한 전환기에 들어갈 때, 선두주자들이 하나님에 관한 지식에 대한 비전을 명확하게 말할 수 있을 것이며 또 그 여정의 상세한 내용과 이유들을 설명할 수 있을 것이다. 그들은 그 광야 길을 먼저 걸었던 사람들이며, 주님과 함께 했던 그들 자신의 여정으로부터 배웠던 지혜로 다른 사람들을 안내할 수 있을 것이다. 가장 중요한 원천은 하나님의 말씀을 가진 사람들은 하나님 안에서 더 깊은 교제를 나누는 삶으로 들어가기를 열망하는 사람들에게 희망과 용기를 준다는 것이다. 그들의 삶이 그것이 가능하다는 것을 증명한다. 금식한다는 것은 정기적인 기도, 금식, 다른 사람들을 섬기는 것, 그리고 우리 원수들을 축복하는 것이다. 이러한 삶을 향한 첫 걸음은 하나님 안에서 깊은 교제의 삶에 대한 비전을 갖는 것이다. 세례(침례) 요한은 광야를 그의 집으로 삼은 선두주자였다. 그는 기도와 금식의 영 안에서 살았다. 하나님께서는 이 세대에 그와 동일한 영을 부어주고 계신다.

제 6 장 금식 생활에 대한 다섯 가지 표현
Five Expressions of the Fasted Lifestyle

당신은 예수님께서 가장 중요한 설교 곧 우리가 지금 산상수훈이라고 부르는 설교를 시작하셨을 때, 주님 주위에 모여 있던 사람들이 느껴야만 했던 것을 상상할 수 있겠는가? 그들은 걱정과 근심과 문제 그리고 어려움들에 가득 찬 삶을 살아가는 당신과 나와 같은 사람들이었다. 나는 예수님 곁에 모인 모든 타입의 남자, 여자, 그리고 아이들을 상상해 본다. 한 쪽에 나이든 신사가 앉아 있다. 표정이 조금 슬퍼 보이지만 친절하고 부드러워 보이는 여러 해 동안 율법의 성가신 무거운 짐 아래에서 살아온 남자이다. 그는 이 원칙들로 그의 자녀들을 양육하려 하였다. 그의 아들들 중 하나는 이 길을 충실히 따르고 있으나 다른 하나는 분노와 경멸감을 가지고 반항하고 있다. 그의 마음은 지금까지도 쓰라림 속에 있으며 아버지를 멀리 하고 있다. 예수님의 다른 쪽에 있는 한 젊은 여인을 상상해 본다. 그녀는 최근에 남편을 잃은 아직도 그녀의 마음속에 아픔이 남아있는 과부이다. 그녀는 오늘 처음 보는 선생님이 하시는 말씀 중에서 뭔가 한 줄기의 희망과 빛을 찾고자 하는 바람이 있다.

나사렛에서 온 이 목수가 입을 열어 무언가 그의 청중들을 깜짝 놀라게 할 만한 살아있는 진리들과 하나님 나라에 대한 원리들을 말씀하기 시작하신다. 그가 권위 있는 사람처럼 말씀하시고, 평범한 사람들이 그의 말씀을 듣고 있을 때, 그들의 심장은 멎는 것 같았으며 당황한 채 놀라움을 금치 못하고 있다. 그는 그들이 지금까지 들어 본 사람과 전혀 다르게 가르치셨다. 서기관들의 가르침은 예수님의 입으로부터 나오는 생명 있고 무게 있는 말 한마디 한마디에 비해 마치 텅 비어있는 버려진 무덤과 같았다(마 7:28-29). "이 사람이 도대체 누구냐?"라며 그들은 경탄한다. "도대체 이것이 무슨 권세란 말인가?"

그리고 마태는 예수님이 그날 말씀하신 것이 어떻게 놀라운 것이라고 말하고 있는가? 주님이 무슨 고상하고 이해하기 어려운 신비라도 털어 놓으셨는가? 그의 말씀이 까다롭고 이해하기 힘들어 남자와 여자들 모두 이해하지 못한 채 당황하여 낙심하게 되었는가? 아니다. 비록 산상수훈이 신성한 권위와 영원한 지혜로 가득 차 있었지만 그 설명과 적용은 더 이상 쉬울 수가 없었다. 모여 앉은 어린아이들마저도 알아들을 수 있었다. 그들이 예수님의 말씀을 듣고 그의 권위에 경탄하고 있을 때에, 그들은 또한 예수님께서 소개하신 하나님 나라의 근본적인 원리들의 단순함에 대해 놀랐을 것이라고 나는 믿는다.

산상수훈의 삶의 양식
The Sermon on the Mount Lifestyle

많은 신자들이 그리스도인의 삶은 그들이 그것을 진정으로 붙잡기에는 너무 신비롭고 어렵다고 느낀다. 마치 어떻게 하나님을 위해 자기 삶을 내려놓는가에 대해서 그 누구도 말해주지 않은 대단한 비밀이라도 있는 것처럼 말이다. 그들은 주변에 경건한 남자와 여자들을 보며 이렇게 생각한다. "나는 정말 그렇게 하지 못할거야. 이것은 나에게 정말 너무 힘들어 보여." 하나님의 나라에는 명백한 긴장이 있는데, 우리가 하나님을 추구할 때 종종 그것과 충돌이 일어난다. 이 긴장은 의로운 삶의 쉬움과 어려움 사이에 놓여 있다. 예수님께서 말씀하시기를 그의 멍에는 쉽고 그의 짐은 가볍다고 하셨다(마 11:29:-30). 하지만 주님께서는 또한 길이 좁아 소수의 사람들만 찾는다고 말씀하셨다. "좁은 문으로 들어가라 멸망으로 인도하는 문은 크고 그 길이 넓어 그리로 들어가는 자가 많고 생명으로 인도하는 문은 좁고 길이 협착하여 찾는 이가 적음이니라"(마 7:13-14).

그렇다면, 정말 참된 기독교의 길은 우리의 육신으로는 감당하기 어려워 오직 소수만이 찾을 수 있다고 믿어야 하는가? 그렇다. 참된 크리스천의 삶의 멍에는 쉽고, 한 번 하나님의 가치관에 따라 살기로 결심하면 쉬운 짐이지만, 이 결심을 하는 것은 쉽지 않다. 그것이 우리의 자존심과 욕망과 재원에 관한 것일 때에는 어려운 것이다. 그것은 우리의 매일 매일의 삶에 영향을 미치고, 이 세상과 타협하지 않는 사람들-멸망으로 인도하는 큰 길로 가기를 거부하는 사람들(마 7:13)-에게는 인간관계에 수많은 갈등을 일으킨다.

온전히 헌신된 마음을 갖는 것이 어려운 이유는 그것이 신비해서가 아니다. 예수님께서 이것을 이보다 더 직설적이고 쉽게 설명하실 수 없었을 것이다. 우리가 정말 갈망하는 이 하나님을 향한 온전한 마음은 성경에 나오는 주요하고 명백한 것들을 행하는 것이다. 이것은 복잡하지 않지만, 우리의 육체적인 욕망과 교만을 부인하는 것은 힘든 것이다(마 7:14). 예수님께서는 하나님 앞에서의 온전한 마음이 무엇을 의미하는지 산상수훈을 통해 자세히 설명하셨다. 우리가 사랑과 빛나는 의를 가지고 살아간다는 것은 내가 "산상수훈의 삶의 방식"이라고 일컫는 삶을 사는 것이다(마 5-7).

이 삶의 방식은 무엇인가? 예수님께서는 이것을 금식과 함께 기도와 하나님의 말씀에 우리를 내어 드리는 것과 다른 사람을 섬기는 것과 같은 (마 6장) 경건한 태도들을 받아들이는 것이라고 정의하셨다(마 5장). 사랑 안에서 다른 사람을 섬기는 일은 우리가 신자들과 교제하고 불신자들을 위해서 사역할 때 일어난다(마 6-7장). 온전한 마음으로 응답하는 모두를 위한 이 예수님의 부르심은 이러한 원리들로 하루하루를 살아가는 동안 부딪히는 실제적인 긴장들과 마찰들로 인해 어려움이 있다.

산상수훈은 타협될 수 없는 하나님 나라의 원리들, 즉 "헌법"을 포함하고 있다. 그것은 참된 제자도의 성격을 정의하고 영적인 성숙도를 측정하는 기준이기도 하다. 삶이나 사역이 이런 원리들 위에 세워지지 않으면

억압을 견디지 못할 것이다(마 7:24-27). 그 설교는 문자 그대로 받아들이도록 의도된 것이다. 그 명령들은 단순하고 직설적이다. 그것은 말하는 그대로를 뜻하고, 또한 그것이 뜻하는 것을 말하고 있다. 동시에, 산상수훈은 우리의 영적인 삶의 중심 동기인 사랑과 갈망을 떠나서 이해되거나 받아들여져서는 안 된다.

이러한 타협할 수 없는 원리들은 죽음으로 부서지셔서 우리가 풍성한 삶을 얻도록 해주신 그분의 마음속에 있던 맹렬한 사랑과 열정 때문에 세워진 것이다. 산에 앉아서 이 메시지를 전하신 예수님은 우리를 향한 거룩한 갈망에 불타고 계셨던 우리의 신랑 되시는 바로 그 예수님이셨다. 그분의 마음 안에 있던 그 갈망이 성령님으로 인해 우리 마음으로도 전해져서 우리를 사랑 안에서 자라게 하시고 산상수훈의 삶의 방식으로 살아가게 해주셨다. 그분의 멍에가 가볍다는 것의 비밀은 우리의 마음을 매일 불붙이는 사랑 안에서 찾을 수 있다. 사랑이 있는 곳에는 희생의 어려움이나 자기 부인은 없다.

모세는 이스라엘의 자녀들에게 하나님을 온 마음으로 사랑하라고 했다(신 30:6). 그리고 덧붙여, 하나님을 사랑하는 길은 신비에 싸여 있지 않다고 하였다(신 30:11). 그 어느 누구도 하나님을 사랑하는 방법에 대한 청사진을 받으러 셋째 하늘에 들려 올라갈 필요가 없다. 어느 누구도 하나님을 사랑하는 것에 대한 비밀스러운 계단들을 발견하기 위해서 저 멀리 있는 곳을 향해 바다를 건널 필요가 없다(신 30:12-13). 그것은 바로 여기 있다. 그것은 우리 마음속에 쓰여 있고, 우리 입에서 나오는 단순한 말처럼 쉽다(신 30:14).

하나님께 우리 자신을 포기하는 길은 복잡하지도, 헷갈리지도, 불가사

의하지도 않지만, 온전한 사랑에 대한 예수님의 정의의 그 단순함이 걸림돌이 될 수도 있다. 어떤 사람들은 그것이 비밀스러운 원칙들로 가득 차있거나 아주 소수의 사람들만 이해할 수 있는 복잡한 계명으로 꽉 차있는 알기 어려운 삶이었으면 하고 바란다. 그래서 그들은 영적인 성취 속에서 우월감을 가지려고 한다. 하지만 하나님께서는 우리같이 약하고 깨어진 사람들을 위해 그분의 길을 계획하셨다. 왜 그렇게 하셨는가? 왜냐하면 모두 약하고 깨어진 백성이기 때문이다. 우리 모두 하나님의 말씀을 순종할 수 있고, 또한 사랑 안에서 온전한 마음을 가질 수 있다. 하나님의 계명은 우리 가까이에 있다. 우리의 마음에, 우리의 입에 있다. 그리고 우리가 (영적으로) 새로 태어났을 때에 우리에게 선물로 주어진 성령님께서는 우리의 마음을 이 밝은 의로 데려 오기 위해 분투하고 계신다.

금식생활의 다섯 가지 표현
Five Expressions of the Fasted Lifestyle

그럼 이러한 산상수훈의 삶의 방식은 우리의 하루하루의 생활에서 무엇과 같으며, 또 우리는 과연 자발적인 약함 속에서 어떻게 하나님의 능력이 완전하게 우리 삶에 나타나도록 살아갈 수 있을까? "금식"의 다섯 가지 형태가 산상수훈 안에 묘사되어 있다. 우리는 음식, 시간, 에너지, 돈과 말하는 것을 금식해야 한다. 마태복음 6:1-18은 이러한 것들과 연관된 금식생활의 다섯 가지 주요한 활동들에 관해서 설명한다. 그것들에는 나누어 줌, 섬김, 기도 (말씀과 함께), 우리의 원수를 축복함, 그리고 음식을 금식하는 것이 포함된다. 그 각각은 우리가 자발적으로 약함을 받아들이고, 우리의 생명과 힘은 오직 그분으로부터만 온다는 것을 하나님께 선포하는 다양한 금식의 형태이다.

예수님께서 이 다섯 가지 활동들을 하나님 나라의 기초로서 말씀하셨다. 나누어 줌으로써, 우리는 우리의 돈과 경제적인 힘을 금식한다. 남을 섬기는 것과 기도를 통하여, 우리는 우리의 시간과 에너지를 남들에게 투자하며 중보 기도함으로써 금식한다. 우리의 원수들을 축복하는 것은 우리의 말과 명성을 금식하는 것이다. 음식을 포기함으로써, 우리의 육체적인 힘과 정서적인 힘을 금식한다.

다시 한 번 말하지만, 사랑의 마음으로 하지 않는다면 이러한 활동들은 무의미하고 헛된 것이다. 이러한 활동들이 또한 완전한 복종을 추구하는 것을 대신할 수는 없다. 하나님께서는 우리가 하는 좋은 일들과 나쁜 일들의 점수를 매겨 그것들의 균형을 맞추시지 않으신다. 어떤 사람들은 금전적으로 속이는 것과 부도덕하게 사는 것을 보상하기 위해서 더 많은 돈을 드리는 것, 더 오래 금식하는 것들을 약속하는 것으로 하나님과 거래하려고 한다. 성령의 능력 안에서 사무엘 선지자는 주님은 제사보다 순종을 더 사랑하신다고 이러한 거래를 극구 비난했다(삼상 15:22). 예수님을 향한 우리의 진실된 사랑은 그의 뜻에 복종하는 것으로 나타난다(요 14:15, 21-23). 금식으로 부르시는 예수님은 우리 마음의 동기들을 감찰하시는 분이시다. 예수님은 나누어지지 않은 사랑과 순전한 복종을 찾고 계신다. 예수님은 이 부르심에 그의 마음을 여셨으며, 그를 사랑하는 모든 사람에게 원하고 요구하는 것을 우리들에게 말씀하였다. 이에 응답하는 것은 우리에게 있어 놀라운 특권이다.

금식은 이러한 다섯 가지 표현들에 대한 장기간의 헌신이다. 하나님의 "더 깊은 것들"로 계속 들어가기 위해서는 아무도 이 다섯 가지로부터 벗어날 수 없다. 우리가 하나님과의 친밀함의 가장 깊은 곳에 도달하려면 우리의 틀에 박힌 일상의 생활 가운데서도 이러한 다섯 가지 표현들 안에서 살아가야 한다. 우리가 이러한 금식 생활의 표현들로 살아가는 것에 지속적으로 충실하다면, 우리의 가는 길을 생명의 좁은 길로 계획할 것이며, 거기에서 발견되는 기쁨의 풍성함을 알게 될 것이다.

나누어 주는 것
Giving

너는 구제할 때에 오른손의 하는 것을 왼손이 모르게 하여 네 구제함이 은밀하게 하라 은밀한 중에 보시는 너의 아버지가 갚으시리라(마 6:3-4).

너희를 위하여 보물을 땅에 쌓아 두지 말라 거기는 좀과 동록이 해하며 도적이 구멍을 뚫고 도적질하느니라 오직 너희를 위하여 보물을 하늘에 쌓아 두라 거기는 좀이나 동록이 해하지 못하며 도적이 구멍을 뚫지도 못하고 도적질도 못하느니라 네 보물 있는 그 곳에는 네 마음도 있느니라 눈은 몸의 등불이니 그러므로 네 눈이 성하면 온 몸이 밝을 것이요 눈이 나쁘면 온 몸이 어두울 것이니 그러므로 네게 있는 빛이 어두우면 그 어두움이 얼마나 하겠느뇨

한 사람이 두 주인을 섬기지 못할 것이니 혹 이를 미워하며 저를 사랑하거나 혹 이를 중히 여기며 저를 경히 여김이라 너희가 하나님과 재물을 겸하여 섬기지 못하느니라(마 6:19-24).

예수님께서 우리의 자선 행위에 대해서 말씀하실 때, 돈을 나누어주는 것과 섬기는 행위 둘 다를 언급하셨다. 그것들은 금식의 다섯 가지 표현들 가운데 두 가지에 해당한다. 다른 사람들에게 나누어주는 것은 우리 돈에 대한 금식이다. 우리는 나누어준 금전적인 힘을 우리에게 몇 배로 더 넘치게 돌려주시는 하나님을 신뢰하고 있다. 우리 모두 마지막 남은 두 렙돈을 드렸던 과부의 이야기를 알고 있다. 예수님께서는 그녀를 눈여겨보셨고, 감탄하셨으며, 단지 여유 있는 돈을 드렸던 부자와 비교하셨다(눅 21:1-4). 부자들은 그들이 드렸던 돈을 아까워 하지 않았지만, 과부의 헌금은 그녀가 가진 전 재산이었다. 금식 생활은 우리가 그 충격을 느낄 수 있을 정도로 드리는 것이 중요하다.

돈은 사회적이고 물질적인 힘의 한 형태이다. 우리가 그것을 나누어줄 때 우리 개인적인 물질의 기초는 더 약해진다. 우리의 모든 돈을 자신에게 쓰는 대신에, 다른 사람들 안에 하나님의 나라를 세울 수 있도록 나누어주는 것, 이것은 "하나님의 은행"에 투자하고 있는 것이며, 다른 어떤 것과도 비길 수 없는 이익 배당이 있는 영원한 투자이다. 우리가 비록 그 때가 언제인지, 어떻게 올 것인지를 알지 못하지만, 이 시대와 앞으로 오는 시대에 하나님께서 큰 축복으로 돌려주실 것을 알고 있다(눅 6:38). 이 은행의 환율은 굉장히 좋기 때문에, 하나님께서 우리들에게 보상하실 것이라는 확신을 가져도 된다.

우리들은 실제적으로 우리의 돈을 자신을 위해서 가지고 있음으로 얻는 것보다 나누어주어 하나님 나라의 백성과 프로젝트들을 세우는데 도움으로써 더 큰 사용가치를 얻는다. 이러한 자선은 그것이 우리의 여유자금에서보다 부족한 가운데 나누어주는 희생적인 것이기 때문에 일시적으로는 힘들 수 있다. 그러나 하나님께서는 모든 사람들에게 그 희생의 100배보다 더 충분하게 보상하실 만큼 큰 부를 가지고 계신다. 얻게 되는 유익들은 처음에 드릴 때 느끼는 불편함보다 훨씬 더 큰 것이다. 금전적인 면에서의 우리의 복종과 신뢰 그리고 충성은 주님께 영광을 가져다드린다. 하나님께서 즐겨내는 자를 사랑하신다는 것은 그냥 재미로 하시는 이야기가 아니다(고후 9:6, 7). 우리가 하나님께서 우리의 부족함을 다시 채우실 것이라는 확신을 가지고 다른 사람들의 삶 속에 흔쾌히 아낌없이 뿌릴 때, 하나님의 마음은 감동받으신다. 하나님의 관대하심을 신뢰함으로 마지못해서가 아니고 즐거운 마음을 가지고 나누어줄 때, 우리는 사랑하는 하나님의 마음을 움직이게 된다.

섬기는 것
Serving

다른 사람을 섬기는 것은, 예수님께서 말씀하신 자선행위 중 두 번째를 말한다. 다른 사람을 위해서 우리의 시간과 에너지를 소비하는 것은 자신의 유익을 위해서 쓸 수도 있는 것을 금식하는 것이다. 우리의 시간과 에너지의 일부를 우리 자신이나 가족, 우리의 사업이나 사역 또는 우리 자원의 근거를 위해서 쓰는 것은 일반적으로 성경적이다. 우리가 자선 행위들-다른 사람들을 위한 친절한 행동들과 봉사-에 참여할 때, 그 시간은 다른 사람들의 유익을 위해서 사용하고 있는 것이다. 이것이 종의 영을 가지는 것이 무엇을 의미하는가에 대한 핵심이 된다. 남들을 섬기는 가운데 "소모한" 시간은 우리가 좋은 자리를 얻기 위해서 이리저리 다니거나 개인적인 안락함이나 쾌락을 얻기 위해서 쓸 수 있는 시간이 아니다. 우리는 우리의 이름과 근거와 안락을 이루기 위해서 같은 시간의 양을 소비함으로 성취할 수 있을지도 모르는 것보다 훨씬 더 나은 방법으로 우리의 유익을 위해서 주님이 일하시리라는 것을 신뢰한다. 큰 그림으로 보면, 우리는 남을 섬기는 것에 시간을 투자하고 하나님께서 우리의 노력을 보상하시게 하는 것으로 더 큰 것을 취할 수 있다.

예수님께서는 어느 누구보다도 더 섬김의 삶을 예증해주셨다. 그는 섬김을 받으러 오신 것이 아니라 섬기러 오셨다(마 20:28). 다른 사람들을 위해서 우리의 삶을 내려놓는 것으로써 주님이 받아들이신 것을 받아들이고, 그렇게함으로 그를 받아들이는 것이다. 하나님과의 가장 달콤한 친밀함의 관계는 우리의 삶을 섬김에 쏟아 부을 때 발견할 수 있다. 다른 이를 위한 섬김의 삶이 단순히 살아가는 데 선하고 경건한 방법이기 때문이 아니라, 다른 사람들을 섬길 때 우리가 모든 것의 종 되신 그분과 대면하게 되기 때문이다.

기도하는 것
Praying

"너는 기도할 때에 네 골방에 들어가 문을 닫고 은밀한 중에 계신 네 아버지께 기도하라 은밀한 중에 보시는 네 아버지께서 갚으시리라"(마 6:6). 예수님께서 계속해서 우리들을 기도의 삶-금식 생활의 세 번째 표현-으로 부르고 계신다. 기도하는 것 또한 육체적인 어려움들이 있다. 보이지 않는 하나님께 기도하는 것은, 기도하므로 나타나는 효과가 대체로 늦어지고 그에 대한 응답을 분별하기 어려우며 하나님께서 약속하신 보상이 항상 우리가 추측했던 것이 아니기 때문에 고생스러운 노력이다.

기도와 하나님의 말씀을 읽는 것은 시간과 감정에 대한 금식으로 자발적으로 약함을 취하는 형태이다(마 6:5-13). 우리의 시간을 자신의 지위와 성공의 증진을 위해서 사용하는 대신, 눈에 보이지 않는 하나님의 얼굴을 구하는데 사용하는 것이다. 텔레비전을 보거나 인터넷을 즐기는 대신, 하나님께서 사랑하시는 사람들을 위해 중보 기도하는 것이다.

하나님께 우리의 시간을 드릴 때, 우리들은 정보망을 만들거나 사역이나 사업이나 개인적인 지위를 세우는 것 혹은 여가활동을 갖거나 오락을 즐길 기회들을 놓치게 된다. 전에 이야기했듯이, 나는 어린 시절에 "주님, 만약 제가 기도에 시간을 소비할 필요가 없었다면, 당신을 위하여 훨씬 더 많은 일을 할 수도 있었을텐데요."하며 불평을 했었다. 내게는 그것이 시간낭비와 같았다. 하지만 이러한 종류의 금식은 실제로는 시간 "낭비"와는 정반대이다. 사실, 우리는 그러한 시간들을 사람을 만나거나 교제하거나 혹은 우리의 지위를 승진시키는 것에 쓰지 않는다. 그러나 그것 때문에 우리는 이익과 승진을 위해서 우리 자신을 주님께 맡기게 되며, 시간과 에너지의 문제에서조차도 하나님께 더 많이 드리므로 손해 보지 않는다는 것을 곧바로 알게 된다.

다른 사람들을 향한 하나님의 축복을 위해 자신을 쏟아 부으며 중보기도할 때, 우리는 기도하는 동안 우리 감정의 에너지를 금식하고 있는 것이다. 이렇게 할 때, 하나님께서 사랑하는 이들을 만져주실 것을 우리는 신뢰하게 된다. 그것은 충분한 보상이 된다. 하나님께서는 또한 우리들을 개인적으로 축복하시기 위하여 우리들에게 그 시간과 감정의 에너지를 돌려주신다. 그는 그것을 더 높은 생산성으로 높여 주신다. 기도 없이 일하는 것으로 이루는 것보다 하나님께 구함으로써 다른 사람들과 자신을 위해서 더 많은 것을 이룰 수 있다. 하나님께서 엄청난 부요함으로 우리를 축복하시기 위해 요구하시는 시간들은 짧은 몇 년간이 아닐 수 있다. 여러분은 10년이나 20년 동안 기도의 씨를 뿌리게 될지도 모르며, 갑자기 하나님께서 당신에게 어떤 한 사건이나 인생의 한 부분에 기도를 통하여 이전의 20년 동안보다 더 큰 영향력을 끼치도록 기회의 문을 열어주실지도 모른다. 그 놀라운 부요함의 어떤 부분은 그 시대가 오기 전에는 보여지지 않을 것이다.

기도의 삶으로 밀고 들어가 하나님의 말씀을 찾는 것에 어려움을 겪는다 하여도 하나님이 주시는 보상은 주님과의 친밀함의 결과로 주어질 것이다. 비록 우리의 감정적인 에너지와 시간을 금식할지라도, 우리는 위대한 중보자이신 예수님의 불타는 마음과 교제하는 곳으로 들어가게 된다. 그의 앞에서 기다릴 때 그가 우리 속사람에 부어주시는 사랑을 접함으로 우리의 내면은 살아나게 된다. 기도에 대한 이러한 부르심은 열렬한 것이지만, 그것은 또한 우리가 가질 하나님과의 친밀함에 대한 심오한 약속과 함께 오는 것이다.

우리의 원수를 축복하는 것
Blessing our Enemies

나는 너희에게 이르노니 너희 원수를 사랑하며 너희를 핍박하는 자를 위하여 기도하라(마 5:44).

너희가 사람의 과실을 용서하면 너희 천부께서도 너희 과실을 용서하시려니와(마 6:14).

금식의 다른 한 부분은 우리의 원수를 축복하고 용서하는 것에서 볼 수 있다. 이것은 우리의 관계와 사람들 앞에서의 입장에 관련된 금식의 한 표현이다. 우리의 원수들을 축복할 때, 우리는 말과 평판에 대해서 금식하는 것이다. 어떤 사람들에게는 이것이 전혀 새로운 생각으로 들릴지도 모르겠다. 원수들에 관해서 나쁜 말을 하지 않는 것은 진정한 금식이다. 자신을 방어하지 않기 때문에, 침묵이 우리의 평판을 해칠 수 있다. 좋은 평판은 우리 삶에 힘을 더하는 요소이기 때문에, 우리 모두는 자기보호와 자기선전을 위한 강한 동기를 가지고 있다.

주님께서는 우리가 자신을 방어하고 선전하기 위해서 많은 말을 하는 대신에, 말을 절제하고, 원수들을 축복하는 것을 포함하여 다른 사람들에게 초점을 맞추도록 우리를 부르고 계신다. 가장 일반적인 의미에서 "원수"는 우리의 목표 성취를 가로막는 자이다. 원수는 우리의 계획이나 목적을 방해하는 방법으로 말하고 행동한다. 원수가 하는 일은 우리로 하여금 명예와 시간과 돈과 심지어는 사람과의 관계조차도 잃게 만드는 것이다. 누구도 이러한 손실을 달가워하지 않는다.

하지만 주님께서는 우리가 이러한 손실을 겪을 때 그 정반대의 영으로서 행동하도록 우리를 부르신다. 주님이 그러셨던 것처럼, 우리는 원수를 적극적으로 용서하고 축복해야 한다. 이것은 원수를 공격하고, 우리의 입장을 방어하고, 다른 사람들의 동정심과 지원으로 우리를 강하게 하는 말들을 삼가는 것을 의미한다. 그를 고소했던 자들 앞에서 잠잠하셨던 주님을 본받음으로 우리가 육적인 힘을 잃을 때, 우리는 하나님으로부터 힘과 위로를 얻게 된다. 다른 사람들의 고소를 직면하면서도 그들을 축복하기 위해서는 우리 자신을 하나님께 맡기는 자세가 필요하다. 이것은 어려운 일이다. 침묵함으로 하나님께서 우리를 위해서 응답하시게 하는 것은 아마 금식의 가장 어려운 형태일 것이다.

우리의 방어심리를 완전히 하나님의 손에 맡기기 위해서는 먼저 우리의 이기심이 죽어야 한다. 우리를 학대하는 사람들에 대해서 나쁘게 말하는 것을 거부하는 것은 우리의 자기보호 본능에 반하는 것이다. 예수님께서는 사람들이 그를 욕하고 위협했을 때, 그것을 바로잡기 위해서 하나님께 그 자신을 맡기셨다. 이것을 통해, 예수님께서는 하나님께서 정당한 시간에 정당한 방법으로 그의 정당함을 입증해주실 것을 신뢰하셨다는 것을 알 수 있다. "욕을 받으시되 대신 욕하지 아니하시고 고난을 받으시되 위협하지 아니하시고 오직 공의로 심판하시는 자에게 부탁하시며"(벧전 2:23).

우리가 우리의 원수를 축복한다는 것은, 반격함으로써 얻을 수 있는 감정적이고 사회적인 힘에 대한 권리를 포기하는 것이다. 우리는 우리의 평판을 보호하는 것에 대해 금식하며, 침묵할 때 하나님께서 우리를 위해서 싸워주실 것을 신뢰하는 것이다. 아마 이것이 신자들이 실제로 가장 잘 받아들이지 못하는 금식의 모습일 것이다. 우리는 하나님께서 어떤 사람이 아주 명백히 잘못했을 때 그에 대해 침묵하는 것을 원치 않는다고 확신한다. 그는 진실이 승리하기를 원하실 것이라고 생각한다. 그렇지 않는가? 우리가 바른 일을 하고 있다는 자신이 있을 때, 우리는 자신을 방어하고 적을 공격하기 위하여 말한다. 그러나 하나님이 바라시는 것은 우리의 명성이나 인간관계를 그에게 기꺼이, 완전히 맡기라는 것이다.

음식을 금식하는 것
Fasting from Food

"너는 금식할 때에 머리에 기름을 바르고 … 이는 금식하는 자로 사람에게 보이지 않고 오직 은밀한 중에 계신 네 아버지께 보이게 하려 함이라 은밀한 중에 보시는 네 아버지께서 갚으시리라"(마 6:17-18). 마지막으로, 예수님께서는 우리를 음식을 금하는 금식으로 부르고 있다. 음식을 금하는 것은 우리가 금식의 전형적인 모습으로 생각하는 것이다. 전에 말했듯이, 음식을 금식할 때의 가장 큰 어려움은 배고픔이 아니라, 약해지는 것 곧 우리가 음식을 먹지 않을 때 우리 육체의 힘이 연약해지는 것이다. 우리의 육신이 금식에 대항해서 일어설 때, 그것은 우리가 배가 고파서 먹으러 가기를 원하기 때문일 뿐만 아니라 육체적으로 그리고 정신적으로 약해져 있다는 느낌에 지쳐있기 때문이기도 하다. 우리는 이러한 느낌을 좋아하지 않는다. 그것은 무거운 짐이다. 육체적인 강함을 하나님께 드릴 때 다른 방법으로 강압적이 되는 것을 피할 수 있다.

우리가 금식하지 않고 일함으로 성취하는 것보다 음식을 금식하면서 에너지를 투자하는 것이 하나님의 은혜 속에서 더 많은 것을 성취할 수 있다는 것을 깨닫고 믿을 때, 금식에 관한 모순된 진리가 한 번 더 분명해진다. 금식하는 동안 "소모된" 에너지는 우리의 육체를 편안하게 하기 위해 사용된 것이 아니다. 힘과 안락함을 얻기 위해 주님께 우리 자신을 맡기게 되며, 그렇게 함으로 하나님을 만나는 것에 초점을 맞추게 된다. 금식에 대한 보상을 받기까지 대부분의 경우에 지연되는 것을 경험하지만, 금식으로 우리 자신을 주님께 복종시키는 지혜는 실질적인 것이다.

음식 금식의 다섯 가지 다른 형태
Five Different Types of Food Fasts

음식을 금식하는 것에는 다섯 가지 공통적인 범주가 있다. 첫째, 정기적인 금식은 우리가 음식을 먹지 않고 단지 칼로리가 없는 물이나 음료를 마시며 하는 것이다. 이러한 금식의 일반적인 길이는 하루나 사흘 혹은 일주일이다. 좀 더 긴 경우도 있는데, 때때로 21일 심지어는 40일간 하는 경우도 있다.

둘째는 음료 금식인데, 이것은 딱딱한 음식을 먹지 않고 단지 과일주스 같은 가벼운 음료만을 마시며 하는 것이다. 대부분의 사람들은 이 금식에서 우유 같은 것은 사용하지 않는다.

셋째는 절대 금식인데, 이것은 때때로 에스더 금식이라고도 불려진다. 이것은 모든 음식과 물을 먹지 않으며 하는 것이다. 이러한 금식은 하루에서 3일까지 지속된다. 나는 사람들에게 이 절대 금식을 할 때 매우 주의할 것과 결코 3일을 넘기지 않도록 권고한다.

네 번째 형태의 금식은 부분 금식으로서, 이것은 때때로 다니엘 금식으로도 불려진다. 이것은 맛있는 음식을 먹지 않고 야채와 견과류 같은 것만을 먹으며 하는 것이다. 요한 웨슬레는 자주 빵과 물만 먹는 금식을 하였다. 저혈당증이나 다른 병증이 있는 사람은 창의적인 방법으로 부분 금식을 할 수 있다. 우리는 사람들에게 뉴스를 제외한 미디어 오락프로그램을 보지 않는 금식을 하도록 권하기도 한다.

다섯 번째 형태인 베네딕트 금식은, 이탈리아 눌시아의 성 베네딕트(AD 525)에 의해서 시작되었다. 이것은 하루에 한 끼만 먹으며 하는 금식이다. 유럽에 있는 수도원들의 많은 수도사들이 수 년 동안 이러한 방식으로 살았다. 그들은 강한 육체와 심지어 훨씬 더 강한 영을 지니게 되었다.

금식생활은 정상적인 기독교의 생활방식이다
The Fasted Lifestyle is Normal Christianity

아마도 그리스도의 몸 안에 있는 금식 생활에 관한 가장 큰 적과 거짓

말은 금식은 급진적인 형태의 기독교 생활방식 곧 건강한 그리스도인의 삶을 위한 필수가 아닌 선택과목이라는 그릇된 인식일 것이다. 그러나 그렇지 않다. 금식은 정상적인 것이며, 그리스도인의 삶의 기초적인 것 곧 기독교에 관한 교과과정 101에 해당되는 것이다. 하지만 우리 대부분은 금식이 거의 언급되지 않는 환경 속에서 자라왔다. 그것은 무시되었거나 보편적이지 않은 것으로 취급되었다. 그러나 정기적인 금식이 없었던 신약시대의 기독교는 없다.

기도, 금식, 나누어 주기, 섬김, 그리고 원수에게 축복하는 것과 같은 생활방식에 헌신되지 않고서 성경적인 기독교 생활을 영위하는 것은 가능하지 않다. 이러한 다섯 가지 요소들 중 어느 하나라도 없는 형태의 기독교는 신약시대의 기독교가 아니다. 우리 모두 정기적인 금식에 대해 부름받았다. 그러나 분명한 예외들은 있다. 임신 중이거나 건강 문제가 있는 분들은 음식 금식을 하기 전에 의사와 상의를 해야 한다. 그러나 기독교 생활의 규칙은 정기적으로 금식하는 것이며, 비록 건강 문제 때문에 음식 금식을 할 수 없는 사람들에게도 아직 그들이 금식할 수 있는 다른 네 가지 방법이 있다. 우리가 너무 바쁘고 혹은 너무 중요하고 혹은 다른 어떠한 이유로 인해서, 산상수훈의 삶의 방식으로부터 서구세계에 사는 21세기 사람들을 배제시킨다는 성경구절은 없다. 우리가 어느 날 예수님을 대면하게 되었을 때, 우리가 21세기에 산다고 우리를 예외로 취급하지는 않으실 것이다. 예수님이 초대교회에게 하도록 하신 것은 모든 신자들에게 하신 것이며, 우리가 응답할 수 있는 동일한 은혜를 공급하고 계시는 것이다.

우리들 중의 어떤 사람들은 은혜에 대해서 왜곡된 생각을 가지고 있다. 우리는 만약 우리의 활동들이 은혜에 의해서 동기가 부여된다면 쉬울 것이라 생각한다. 예수님께서는 그의 멍에는 쉽다고 말씀하셨다(마 11:29-30). 그것이 쉬운 이유는 우리의 약함 가운데서도 우리가 받아들여질 만하고 하나님을 기쁘시게 할 수 있다는 자신 때문이다. 그것이 쉬운 이유는 하나님을 기쁘시게 할 만한 어떤 것도 만들어낼 필요가 없기 때문이다. 하나님께서는 우리에게 동기를 부여해 주시고 그것을 지속할 수 있도록 도우시며, 우리의 복종을 기뻐하시고 그것으로 인하여 우리에게 영원히 보상하실 것이라는 확신을 주신다. 하나님께 호의를 얻고 그의 사랑을 받는 것은 쉽다. 그러므로 어떤 면에서는 기독교신앙은 어렵지 않은 것이다.

하지만 다른 한 편으로, 그 길은 어렵다. 예수님께서는 비록 그 길이 힘드나 생명으로 인도하기 때문에 좁은 길로 들어가라고 말씀하셨다. 단지 소수만이 그것을 찾을 것이다(마 7:13-14). 수 개월과 수 년에 걸쳐 그 길을 걷기 위해서는 단호한 마음이 필요하다. 은혜란 그 길이 결코 힘들지 않다는 것을 의미하지 않는다. 그것은 하나님께서 그 길을 걷기 위해 우리가 필요로 하는 것들을 항상 공급하실 것이라는 의미이다.

나는 사람들이 이 산상수훈의 삶의 방식을 살도록 부르는 일과 그것을 기독교의 101으로 받아들이도록 부르는 일에 깊이 헌신되어 있다. 나는 IHOP-KC에 있는 우리 스텝들에게 하나님의 말씀을 사용하며 기도하는 가운데 주님을 찾으라고 권면한다. 나는 그들에게 매일 신약성경 10장을 읽으라고 재촉한다. 이렇게 하면, 그들이 매달 한 번씩 신약성경을 완독할 것이다. 나는 그들에게 적어도 일주일에 하루는 금식하라고 권고한다. 일주일에 이틀이면 더 좋다. 금전적인 부분에 있어서는, 그들에게 십일조 이상을 드리게 하고 남는 것 보다 더 드리도록 하며 그들이 희생적으로 드리므로 고통을 느낄 정도로 나누어 주라고 권면한다. 또한 그들에게 남을 섬기고 원수들을 축복하라고 권고한다. 이것들은 모두 정상적인 기독교 생활의 일부분이며, 선택적인 것이나 중요하지 않은 것으로 취급되어서는 안 된다. 하늘에 있는 우리의 보화가 여기 이 땅에서의 자선행위에 정확히 비례되지는 않지만, 이러한 다섯 가지의 하나님 나라 활동 모두를 매일매일 해나감에 따라 쌓이게 된다(마 6:19-20). 하나님께서는 이러한 행동들을 귀중하게 여기시며 영원히 기억하신다.

제7장 대적의 견고한 진을 파하는 금식

Fasting to Break Spiritual Strongholds

음식이라는 거짓된 우상
The False God of Food

금식에 관해 예수님께서 말씀하신 가장 중요한 것들 중의 하나가 마태복음에 기록되어 있다. 예수님의 제자들이 귀신들린 아이를 치료하지 못하여서 그 아이의 아버지가 예수님께 그 아이를 치료해 달라고 왔다. 제자들은 왜 그들은 귀신을 쫓아내지 못했는지에 관해서 당황스러워 했고,

예수님께서는 그들에게 기도와 금식 생활이 그 열쇠라고 말씀하셨다. "주여 내 아들을 불쌍히 여기소서 저가 간질로 심히 고생하여 자주 불에도 넘어지며 물에도 넘어지는지라 내가 주의 제자들에게 데리고 왔으나 능히 고치지 못하더이다 … 예수께서 꾸짖으시니 귀신이 나가고 아이가 그때부터 나으니라 이 때에 제자들이 종용히 예수께 나아와 가로되 우리는 어찌하여 쫓아내지 못하였나이까 가라사대 … (그러나 이런 종류는 기도와 금식에 의하지 않고는 나가지 아니하느니라 하시더라)"(마 17:15-21). 〈괄호 속의 내용은 난외주로서 한글개역성경에는 있지 않아서 한글 킹제임스 성경을 인용하였다-역자주〉 핵심을 말하자면, 예수님께서는 제자들에게 그의 백성들의 삶을 억누르고 있는 사단의 권세를 깨뜨릴 수 있는 기름부음은 기도와 금식에 연관되어 있다고 말씀하셨다는 것이다. 금식은 우리가 귀신의 거점들을 무너뜨리려 할 때 갖추고 있어야 할 필수 요소들 가운데 하나이다.

우리의 삶 가운데 반드시 내려놓아야 할 우상이 있는데, 그것은 바로 육체의 욕망이라는 우상이며, 특히 음식의 우상이다. 이 우상은 그리스도의 십자가를 손상시킨다. 빌립보서 3:18-19은 다음과 같이 말씀한다. "… 여러 사람들이 그리스도 십자가의 원수로 행하느니라 저희의 마침은 멸망이요 저희의 신은 배요…" 음식은 하나님께서 우리들에게 주신 축복이지만 귀신의 세력들에 의해서 부당하게 이용되어 왔다. 바울이 이 우상에 대해서 언급했을 때, 신약교회 안의 어떤 사람들 속에는 이 우상이 영적인 거점을 구축하고 있었다. 그는 말하기를, 저들의 신은 저들의 배, 즉 저들의 육체적 욕망이라고 하였다.

놀랍게도, 우리들은 음식을 우리의 삶 가운데 우상이 되게 함으로써 우리들 삶의 실제적인 영역을 귀신들에게 내어주고 있다. 바울은 정확하게 이 우상을 지적하며 그것을 거짓 신이라고 불렀다. 오늘날 그것은 대체적으로 잘 인식되지 못한다. 서구의 신자들은 이 우상이 그들의 하루하루의 삶을 주장해도 아무런 저항심이 없다. 그들은 음식 탐닉을 통해서 그들이 한 분이신 참된 하나님 외에 다른 어떤 무엇을 섬기고 있다는 것을 깨닫지 못하고 있다.

아무도 그들이 음식을 숭배하고 있다고 생각하지 않는다. 그리스도인들 가운데 음식을 숭배하기 원하는 사람은 아무도 없을 것이다. 그러나 우리들의 식욕(우리들의 먹고 싶은 욕망)이 우리들의 계획들보다 먹는 것을 우리들의 삶의 가장 중요한 목표들 중 하나로 놓도록 우리들을 사로잡을 수 있다. 어떤 사람들은 다음에 무엇을 먹을까 상상하면서 그들의 하루하루를 그것에 맞추어 조정하며 끊임없이 먹는 것에 대해서 생각한다. 그들은 자신이 음식을 신뢰하는 올가미에 걸려 있다는 것을 깨닫지 조차도 못한다. 이러한 그릇된 신뢰는 다음과 같은 그릇된 현상에서 드러나게 된다. 예민해진 신경을 누그러뜨리기 위해서 먹을 때, 두려움과 맞서야 할 때 용기를 얻기 위해서 먹을 때, 내 속에 힘든 싸움이 있음을 감추려고 먹을 때, 그리고 위로와 기쁨을 얻기 위해서 먹을 때이다. 만약 사람들이 피곤한 마음을 다스리기 위해서, 두려움으로부터 놓임을 받기 위해서, 문제들로부터 피난처를 찾기 위해서, 그리고 기쁨을 얻기 위해서 가장 먼저 찾게 되는 것이 있다면 당신은 정직하게 그것을 무엇이라고 부르겠는가? 의심할 여지도 없이 그것은 신이요, 우상이며, 영적인 거점을 내어준 것이다.

음식을 탐닉하는 사람들 속에 있는 이러한 영적인 속박에 대한 진리를 확인하는 것은 어렵지 않다. 그들은 대부분의 시간을 먹는 것에 대해서 이야기하며, 끊임없이 먹는 것에 대해서 생각하는 사람들이다. 우리들은 이러한 덫에 걸려들지 않았다고 생각하지만, 그 올가미는 이러한 속임수의 교활한 특성으로 나타난다. 비록 우리들이 엎드려 절하지 않고, 찬미의 노래를 부르지 않고, 우리들의 배를 예배하고 있지 않는다 하여도, 우리들은 생각보다 더 그 덫에 걸려있을 수 있다. 우리들은 생각보다 더 음식에 감정적으로 집착되어 있고 정신적으로 속박되어 있다. 그래서 우리들의 삶의 주인 자리로부터 이 우상을 내려오게 하고 이 우상이 우리의 삶에 뿌리 내리는 것을 막기 위해서는 의심할 여지없이 우리들에게 금식의 은혜가 필요하다.

우리들이 정기적으로 금식을 시작하기 전에는 영적 속박의 거점이 얼마나 깊이 우리들의 삶에 뿌리를 내리고 있는지를 분명히 알지 못한다. 만약 당신이 음식에 대한 탐닉이 정말 당신의 삶에 있어서 영적인 속박의 거점이 되는지 아닌지 확신할 수 없다면, 음식이 제거되었을 때 어떤 일이 일어나는지 관찰해보라. 아마도, 즉시로 분노가 치밀어오를 것이다. 이스라엘의 자녀들이 반역했던 것은 그들이 광야에서 매일 만나만을 질리도록 먹었기 때문이었다. 그들은 단지 맛있는 음식을 다시 먹기 위해서 하나님과의 언약을 저버리고 이집트의 노예생활로 돌아가기를 원했다. 우리들에게 더 이상 음식으로부터 얻는 즐거움과 만족함이 제공되지 않을 때 우리가 갖는 불편한 감정과 분노의 정도가, 얼마나 그것을 섬기고 숭배했는가의 정도를 나타내준다.

음식에 대한 역설적인 진실은 하나님께서 그것을 합당하게 사용하는 것과 오용하는 것 모두를 고려하셔서 창조하셨다는 것이다. 하나님께서는 이 선물의 복잡한 특성에도 불구하고, 그것을 우리에게 주시고 다루도록 하셨다. 왜 주님께서 그렇게 위험한 물건을 우리에게 허락하셨을까? 그것이 우리를 두렵게 만드는 역설적 진리이다. 주님께서는 자발적으로 주님을 사랑하는 사람을 원하신다. 그들은 하나님의 충만한 은혜에 들어가기 위해서 음식의 안락과 편안함에 바쳤던 그들의 최고의 충성을 기꺼이 부인할 사람들이다.

음식은 태생적으로 악한 것이 아닌 선한 것이다. 우리들의 육체적인 욕망들은 하나님께서 주신 것으로써, 음식도 그 선물들 중의 하나이다. 하나님께서는 음식을 창조하심으로 현재, 그리고 앞으로 올 시대에 우리들이 힘을 얻고 하나님의 선하심을 찬양하도록 하셨다(눅 22:16-18). 음식에 대한 이러한 두 가지 거룩한 목적-육체의 힘과 하나님의 선하심을 찬양하는 것-에 참여하기 위해서는 우리들에게 분별력이 필요하다. 음식에 대한 태도가 적절하게 균형이 잡혀있을 때에는 선한 것인데, 그릇된 태도를 가질 때에 그것은 우상숭배의 대상이 될 수 있기 때문에 우리는 주의를 기울여야만 한다. 이러한 음식과 음료에 대한 축복은 그것이 귀신의 세력들에게 악용될 때 본래의 목적으로부터 우리들을 이탈시킬 수 있는 잠재력을 가지고 있다. 한편으로 우리들은 음식으로부터 얻는 힘과 기쁨과 교제의 축복을 감사한다. 다른 한편으로는 우리들이 음식을 탐닉하게 되면, 그것이 우리의 대적으로부터 우리의 삶 가운데 그들의 악한 영적 속박의 거점을 확보하게 하고 결국은 우리들의 삶을 파멸로 이끌어가게 한다.

어떻게 음식이 하나님 안에 있는 우리들의 삶을 파괴할 수 있는지 이해하려면, 먼저 어떻게 하나님께서 우리들을 창조하셨는가를 생각해보아야 한다. 우리들의 신체는 우리들의 영적인 생활에 있어서 매우 중요한 역할을 한다. 그것은 우리들이 하나님을 경험하는 매체로 하나님에 의해 설계되었다. 이러한 사실 때문에, 우리들의 몸과 혼과 영은 서로 밀접하게 연관되어 있다. 정서적인 삶이나 영적인 역량 그리고 육체적인 욕망들은 기능적으로 서로 겹쳐져 서로 영향을 주고받도록 하나님께서 설계하셨다. 우리들은 정서적인 삶과 정신적인 삶을 영위하는 것으로부터 혹은 우리들의 육체적인 욕망들과 관련된 것들로부터 우리들의 영을 분리해낼 수 없다. 우리들의 혼은 우리들의 육체가 성령님의 지배하에 있을 때 흥하지만, 그렇지 않을 때 우리들의 영은 침체되며 비탄에 잠기게 된다.

우리들의 육체는 성령의 전이다. 만약 그 성전이 죄에 의해서 지배되면, 하나님의 생명을 경험하는 우리들의 능력은 소멸되게 된다. 우리가 육체의 욕망들에 져서 그릇된 길로 행하면, 우리의 육체와 영 둘 다를 더럽히는 것이 된다. 이러한 육체의 욕망들 중에 분명한 것들이 있는데, 바로 알코올과 마약과 성적 타락이다. 하지만 이러한 잠재적인 더럽힘은 우리가 정상적인 욕망을 과하게 쓸 때도 일어난다. 과하다는 것의 정의는 각 사람에 따라서 다르며, 우리들의 삶의 다른 상황에 따라 변할 수 있다. 우리 대부분은 악한 행동들과 우리의 영이 더럽혀지는 것의 상관관계에 대해서 쉽게 알면서도, 정상적인 욕구에 탐닉하게 되는 것이 우리의 영을 둔하게 만든다는 것을 서로 연관해서 생각하지 못하는 경향이 있다. 우리는 그것들이 매우 깊숙이 연관되어 있다는 것을 깨달아야 한다.

서구 사회의 많은 신자들이 먹는 것과 즐기는 것과 노는 것에 사로잡히는 덫에 걸려있다. 셀 수도 없는 많은 사람들이 자기들 스스로 경건하다고 함에도 불구하고 세상 사람들이 하는 대로 똑같이 편안한 삶을 추구하고 있는 것을 쉽게 볼 수 있다. 은혜로우신 하나님께서 그들에게 이러한 삶을 축복으로 허락해주셨다고 믿는 까닭이다. 우리의 영은 보다 더 높고 신성한 영역으로 들어가기 위해서 그것을 위하여 지음 받은 대로 성령님과 함께 비상하기를 원하지만, 우리는 우리의 혼과 몸을 무엇인가 다른 것으로 채워서 우리의 영을 답답하게 하고 우리를 육체의 오염 속에 가두어버렸다.

일정기간 동안 음식을 금하는 것은 하나님의 지혜로우신 전략이다. 처음에는 왜 하나님께서 우리 육체의 힘과 만족함을 위해서 주신 것을 금식해야 하는가 하고 의문을 가질지라도, 금식을 통하여 이러한 음식의 축복을 바르게 받아 누려 음식이 우리들의 삶 가운데 우상숭배의 도구가 되지 않게 할 뿐만 아니라 오히려 금식이 하나님의 더 풍성한 축복에 들어가는 길이라는 것을 발견하게 된다. 금식은 이러한 목적을 위해서 사용된다. 곧 음식의 축복을 가감하여, 우리들의 영을 자유롭게 하여 하나님과의 친밀함의 최고 수준에 도달하도록 하는 것이다.

음식을 통한 영적인 속박
Spiritual Bondage Through Food

음식 우상은 인류의 역사를 통하여 항상 있어왔으며, 이교도들에게나 하나님의 백성들에게도 마찬가지였다. 그 첫 번째 암시는 사단이 하와를 에덴동산에서 유혹했을 때였다. 사단은 하와에게 그녀의 육체의 욕망을 자극하는 그 무엇인가를 말했고, 그 과실의 탐스러움은 하나님께서 금하신 선악과를 먹고 싶은 유혹에 하와가 넘어가는 데 힘을 더하였다(창 3:6). 이러한 사단의 거점은 주께서 에스겔의 세대를 향하여 음식의 우상에 대하여 말씀하셨을 때도 발견된다. 당시의 이스라엘이 소돔의 죄에 빠져 있었는데, 그 죄 중의 한 부분이 다른 것에 대한 탐닉과 더불어 음식에 대한 탐닉이었다. "네 아우 소돔의 죄악은 이러하니 그와 그 딸들에게 교만함과 식물의 풍족함과 태평함이 있음이며 또 그가 가난하고 궁핍한 자를 도와주지 아니하며"(겔 16:49).

우리들은 일반적으로 소돔의 죄를 부도덕함이라고 생각하지만, 그 부도덕함은 다른 죄악들의 부산물이었다. 그 소돔의 죄는 네 가지의 것들로 구성되어 있다. 그것들은 음식의 풍요, 만연한 게으름, 가난한 사람을 돕기를 거절하는 탐욕, 그리고 이러한 모든 것들의 원인이자 음식과 시간과 돈을 잘못 사용하게 만든 교만이었다. 이것들은 촉수가 되어 인간의 영에까지 내려가 성적인 도착이라는 더러운 오물을 끌어올렸던 것이다.

이러한 음식의 견고한 진은 하나님께서 이집트로부터 구원해내셨던 이스라엘 백성 세대에도 있었다. 하나님께서는 하늘로부터 내리는 만나로 그의 백성들을 신실하게 먹이셨다. 그러나 그들은 식단의 변화를 원했다. "이스라엘 중에 섞여 사는 무리가 탐욕을 품으매 이스라엘 자손도 다시 울며 가로되 누가 우리에게 고기를 주어 먹게 할꼬 우리가 애굽에 있을 때에는 값없이 생선과 외와 수박과 부추와 파와 마늘들을 먹은 것이 생각나거늘 이제는 우리 정력이 쇠약하되 이 만나 외에는 보이는 것이 아무 것도 없도다 하니"(민 11:4-6).

주께서 그 백성들을 구원해 내셨지만, 그들은 육체적 탐욕에 완전히 사로잡혀 있었다. 그들은 하나님으로부터 만나를 공급받았음에도, 고기와 마늘과 부추 그 외에 다른 맛있는 것들을 달라고 부르짖었다. 그들의 문제는 배고픔이 아니라 음식의 맛과 즐거움이었다. 그들은 맛있는 음식을 먹지 못하니 정력이 쇠약해졌다고 말했다. 그들은 이러한 맛있는 것들을 먹고 싶어서 이집트 노예 생활로 돌아가기를 원한다고 말하며 하나님 앞에서 비통하게 울었다.

　이들이 바로 이집트의 열 가지 재앙과 홍해 바다가 갈라지는 것을 목격한 사람들이다. 밤에는 불기둥이 낮에는 구름기둥이 그들을 인도했었다. 그러나 그들은 맛있는 음식을 위해서 기꺼이 하나님의 약속들과 그들의 소명과 그들을 위한 하나님의 기적들을 버리려고 했다. 그들은 단지 맛을 위해서 하나님의 불의 영광을 보는 것과 연기 같은 구름과 그들의 자녀들이 들어갈 예언적인 약속들까지도 저버릴 각오를 했다. 음식 우상이 얼마나 실제적인 것인가? 이스라엘 사람들의 정력은 그들이 불평했던 대로 정말 그렇게 쇠약해지지 않았고, 오히려 그들은 하나님께서 그들이 원하던 것을 주셨을 때 영적으로 쇠약해졌다. 하나님께서 그들의 영혼 속에 쇠약함을 주셨다(시 106:15).

　이스라엘의 자녀들이 오늘날 서구 교회의 우리가 결코 공개적으로 인정할 수 없는 그리고 분명히 우리가 깨닫지조차 못하고 있는 것을 말해 주었는데, 그것은 음식 우상이 우리들의 마음을 노예 상태로 만들었으며 영적 속박의 거점을 확보한다는 사실이다. 노예 상태로 살아가는 것은 위험하다. 그것은 주님이 아닌 다른 주인들에 의해 예속되어 있다는 것을 의미한다. 이러한 이야기들을 우리와 상관없는 것으로 여기며 우리 자신을 하나님 안에서 더 영적이고 더 성숙한 존재로 여기기는 매우 쉽다. 그러나 이 시대의 우리들은 당시의 이스라엘 사람들과 마찬가지로 육체적인 쾌락에 대하여 탐욕스럽다.

소돔 그리고 에스겔 당시의 이스라엘에 있었던 부도덕한 문화는 오늘날 서구 사회의 문화와 같으며, 이스라엘 백성들이 이집트의 맛있는 음식을 그리며 보였던 탐욕은 오늘날의 미국의 거의 모든 가정과 식품점 그리고 식품광고에서도 찾아볼 수 있다. 이러한 경향은 우리 문화에 깊숙이 스며들어 있다. 이러한 육체적인 욕망들이 하나님의 뜻을 벗어나 있을 때 그것들은 중립적이지도 순전하지도 무해하지도 않다. 오히려 그것들은 해를 가져오며 강력한 힘이 있음에도, 서구 교회는 그것에 관하여 잘 알지 못한다. 우리들이 이것에 빠져든다고 해서 하나님께서 우리들을 덜 사랑하시거나 하지는 않지만, 우리의 영은 그것에 의해서 둔해진다. 우리의 열정을 음식이나 편안한 삶에 넘겨준다면, 우리의 삶을 주장하려는 그들의 권세에 우리를 복종시키는 것이 되어서 결국 그들의 지배를 받는 노예로 전락하게 된다. 이러한 우상숭배는 서구 교회에서는 아직 심각하게 다루어지지 않았다. 사실 이것은 우리들이 주의를 기울이지 못한 하나의 영적인 전쟁이다.

예수님께서 어리석은 부자 농부의 비유를 통해 이러한 위험한 실체에 대해서 말씀하셨다(눅 12:16-20). 그 농부는 하나님의 뜻에는 거의 관심을 두지 않고 음식과 술을 즐기는 안락한 삶을 살기 원했다. 그는 확실히 하나님의 목적이라는 무거운 부담 속으로 들어가는 것을 원치 않았다. 비유 속에서 주님은 그를 바보라고 불렀다. 그는 돈과 음식과 여가를 위하여 살았고, 안락한 삶을 누렸다.

오늘날 많은 사람들이 같은 목표를 가지고 있다. 그들은 환락을 통해서 삶의 압박감을 피하려 한다. 심지어 교회 안의 사람들조차도 현재의 먹는 것과 안락한 삶의 즐거움을 위하여 그들의 영적인 미래를 포기하려 한다. 서구 교회의 사람들은 예배가 한 시간 이상 걸리지 않아서 그들이 먹고 노는데 지장이 없을 때에 한해 일요일에 모여서 예배를 드리고 말씀을 들으려 한다. 사실, 우리들은 기도와 금식만 아니면 무슨 일이든지 하려고 모일 것이다. 음식의 속박이 우리들의 마음을 질식시키려 한다. 그것으로부터 자유롭게 해 주시려는 주님의 초청에 우리는 응답하여야 한다. 나의 논점은, 꾸짖으려는 것이 아니라 우리들을 흔들어 깨워서 우리들 자신이 생각하는 만큼 대부분이 하나님께 헌신되어 있지 못하다는 사실을 깨닫게 하려는 것이다.

오늘날 교회의 형편으로 보아 우리는 음식 우상을 제거하고 금식하는 기도의 생활 습관을 가져야 한다. 교회는 병자를 치료하거나 귀신들린 사람을 놓임 받게 할 수 없는 상태에 이르렀는데도 만족하고 있다. 죄가 가정이나 결혼생활을 파괴하는 것이 정상적인 것이 되어 버렸다. 기도실은 비어 있고, 능력 있는 전도는 드물며, 불신자들은 사도행전에서 그랬던 것처럼 교회 앞에서 떨지 않는다. 우리들의 설교는 능력이 없으며 사람들의 비위를 맞추고 있다. 그러나 이 모든 것에도 불구하고, 지금 무슨 일이 진행되고 있는지 명확히 보고 있는 소수의 사람들이 있다. 더 이상 소극적인 마음을 갖지 말자. 쾌락과 즐기는 것과 노는 것에 속박된 삶을 지속하는 대신에, 우리들은 끈기를 가지고 기도와 금식하기 시작해야 한다. 하나님께서는 만약 우리들이 금식과 기도 속으로 들어간다면, 우리들을 속박으로부터 건져내시고 이 세상의 정욕으로부터와 음식과 안락함과 편안함이라는 적의 거점으로부터 자유한 삶을 주실 것을 약속하셨다.

육체의 욕망들이라는 대적의 견고한 진 무너뜨리기
Tearing Down the Stronghold of Physical Appetites

음식은 어떻게 보면 매우 실망스러운 쾌락을 가져다준다. 왜냐하면 그 만족감은 매우 피상적이며 일시적이기 때문이다. 그러나 그것은 영적으로 강력한 유혹일 수 있다. 우리는 우리의 삶에 영향을 미치는 그 힘과 싸워야 한다. 명백히 이러한 사로잡힘으로부터 놓여나는 길은 금식과 기도가 포함된다. 그러나 대다수의 사람들은 금식의 두려움으로 떨고 있다. 나는 신앙의 여정 가운데 금식하는 삶에 대한 하나님의 부르심에 처음으로 "예"라고 대답하고 가졌던 금식을 시작할 때의 두려움을 기억한다. 나는 돌과 같이 굳어졌다. 그러나 곧 금식에 대한 두려움이 금식 그 자체 보다 더 힘들었다는 것을 발견했다.

예수님께서는 시험을 받기 위해 광야로 가셔서 40일 동안 금식하셨다 (마 4장). 그 금식은 시험의 일부가 아니었으며, 오히려 사단의 유혹에 대항하기 위해 예수님을 강하게 하기 위한 과정의 일부였다. 초대교회는 대적에게 저항하기 위해서 일상적으로 금식을 하였다. 역사를 통하여 볼 때 많은 성도들이 하나님의 성령께서 시키시는 금식은 하나님의 특별한 기름부음이 임하는 시기 동안에 자행되는 사단의 특별한 공격을 잘 대처할 수 있는 강력한 방법이라는 것을 이해했다. 하나님과 함께 하는 금식(회개)과 하나님의 말씀에 대한 진지한 묵상은 결국 우리들 마음속에 있는 대적의 견고한 진을 허물어뜨리게 되어 있다. "우리의 싸우는 병기는 육체에 속한 것이 아니요 오직 하나님 앞에서 견고한 진을 파하는 강력이라"(고후 10:4).

음식 우상은 금식과 기도를 저항한다. 귀신의 세력들은 금식이 영적 싸움에 있어서 강력한 무기가 되는 것을 알기 때문에, 이러한 폭발력 있는 무기를 사용하지 못하게 하려고 계속 먹는 것에 예속되어 그것에 최고의 관심을 두게 한다. 세례(침례) 요한은 그의 철저한 금식 생활 때문에 공격을 받았다. 예수님께서 요한이 와서 먹지도 않고 마시지도 않으니 저들이 그를 귀신 들린 것으로 여겼다고 말씀하셨다(마 11:18). 요한은 그가 전하는 메시지, 그의 기도 생활과 금식 생활 때문에 위험하면서도 미혹된 사람으로 여겨졌다. 세례(침례) 요한을 공격했던 똑같은 영이 부도덕한 서구문화 전부를 가능하게 만들어 놓았다. 그것은 조용히 물러나지는 않을 것이다. 그것은 요한을 대적하기 위해서 왔었고, 마찬가지로 우리 세대에도 기도와 금식에 헌신하는 자들을 대적할 것이다. 그러나 지속적으로 금식하는 사람들을 대적하는 일은 궁극적으로 성공하지 못할 것이다.

기도와 금식을 통한 끈질기게 붙어 다니는 죄들과의 싸움
Warring Against Besetting Sins through Prayer and Fasting

"모든 무거운 것과 얽매이기 쉬운 죄를 벗어 버리고 인내로써 우리 앞에 당한 경주를 경주하며"(히 12:1). 금식은 우리의 육체적인 욕망에 탐닉하는 것으로부터 탈출하는데 도움이 될 뿐만 아니라, 우리의 마음속에 있는 사단의 견고한 진들을 무너뜨리도록 하기위해 하나님께서는 이 은혜를 우리에게 주셨다. 하나님께서는 "끈질기게 붙어 다니는 죄들"과 우리를 덫에 걸리게 만드는 우리의 정체성에 대한 거짓으로부터 우리를 자유하게 하시기를 원하신다.

끈질기게 붙어 다니는 죄들은 어쩌다 한 번 넘어져 짓는 죄들보다 훨씬 심각하다. 그 죄들은 하나님의 백성들을 속박하는 습관적인 행동들이나 태도들이다. 바울은 이것을 마귀의 올무에 걸린 것으로 말했다(딤후 2:26). 사람들을 끈질기게 붙어 다니는 대표적인 죄로는 포르노물, 음란, 분노, 알코올, 마약, 담배, 그리고 다양한 식사 장애들(너무 많이 먹거나 너무 적게 먹는 것 등)이 있다. 이사야는 "흉악의 결박을 풀기" 위하여(사 58:6), 즉 속박되어 있는 죄 된 행동들로부터 자유케 되기 위해서 금식하라고 훈계한다. 끈질기게 붙어 다니는 죄들과 씨름하는 사람들은 그들의 특정한 중독증에 무력감을 느낀다. 어떤 사람들은 심각한 우울증세와 낙심에 빠져 탈출구를 찾지 못한다. 그들의 의지력은 끈질긴 죄들로부터 그들을 자유하게 할 만큼 강하지 못하다. 견고한 진들은 사단으로부터 힘을 공급받고 있으며, 우리의 죄를 통해서 혹은 우리 조상의 죄를 통해서 사단이 장악할 권리를 확보한 영역에 구축되어 있다.

크리스천들은 그들이 선하고 강하게 되기 위해서 수년간을 노력하지만 여전히 그들의 식습관 장애를 극복하는 것, 인터넷 포르노물로부터 자유케 되는 것, 금주, 혹은 부도덕한 관계를 단절하는 것을 하지 못하고 있는 것으로 인한 무력감을 느낀다. 그들은 하나님께 부르짖기도, 상담하러 가기도, 모든 기도 라인에 뛰어들기도 하지만 자유를 얻지 못한다. 그러면 어떻게 우리들의 삶 속에 있는 이러한 견고한 진들로부터 자유케 될 수 있을까? 만약 우리들이 그들의 속박을 깨뜨리기를 원한다면, 그 영적 근거지의 원천을 인식해야 하며 우리들 자신의 육체적인 무기들 대신에 주께서 주시는 영적인 무기들을 사용해야 한다. 우리들은 우리의 삶 속에 있는 각각의 구체적인 어두운 영역에 빠져든 것에 대해서 진심으로 회개해야 한다.

우리들의 죄나 불경건한 가치관이나 밀교적 행위를 통해서 영적인 거점의 문을 열어주게 되며, 비통함이나 그릇된 생각들이나 사고에 의해서 계속 그것들과 연결된다. 비통함은 우리를 잘못 대한 사람들과 묶여있게 하는 죄이다(마 18:21-35). 불경건한 가치관과 생각의 죄는 가족 여러 세대를 내려가면서 영적인 지배력을 행사할 수 있다. 다른 사람들은 밀교, 강신술, 접신술, 점성술, 흑마술이나 백마술에 관계함으로써 영적인 견고한 진의 세력권 아래로 떨어진다. 우리는 자신이 기여한 자기기만도 이러한 목록에 포함해야 한다. 우리들은 하나님 말씀의 진리들로 자신을 채우는 것을 게을리 하므로 어두움에 포위되어 머물러있기를 선택하였다.

어떻게 빠져들게 되었든지, 우리들은 적들에게 우리의 삶 속에 영적인 거점들을 내어주고 그 영역에 권리를 행사하게 한 모든 행위에 대해서 철저하게 회개해야 한다. 우리가 믿음을 가지고 성령께 묻는다면, 성령님께서는 사단이 어떤 거점을 가지고 있고 우리의 그릇된 생각의 죄로 어떤 어두움의 영역들이 우리를 지배하고 있는지 보여주실 것이다. 회개의 능력, 마귀를 대적하는 능력, 하나님의 말씀의 진리와 성령의 능력 안에서 살아가는 능력은 금식하고 기도할 때 깊어진다.

끈질긴 죄들을 극복하고 근거지를 파괴하는 이 여정의 부분들로서 금식과 기도를 소홀히 해서는 안 된다. 오늘날 교회의 상담사역 중 많은 부분이 더 "실제적인" 구출 수단이라고 믿는 것들을 대신 제공하면서 기도와 금식은 불필요한 것으로 홀대하고 있다. 그러나 예수님께서는 죄와 속박과의 싸움에서 금식 기도가 차지하는 위치를 강조하셨다(마 17:21). 우리의 상담자들이 예수님보다 더 현명하고 더 섬세한가? 나는 기도와 금식에 가치를 두지 않는 상담사역에는 누구도 보내지 않을 것이다. 비록 오늘날의 교회에서 기도와 금식에 가치를 두는 사역들을 찾기는 어렵겠지만 하나님께서는 계속 일으키고 계신다.

하나님의 말씀을 통한
끈질기게 붙어 다니는 죄들과의 싸움
Warring Against Besetting Sins by the Word

기도와 금식의 효력은 하나님 말씀에 대한 깊이와 역동적으로 연결되어 있다. 바울은 끈질긴 죄들로부터 우리를 구원하기 위해서 하나님의 말씀이 우리 속에서 효과적으로 역사한다고 말했다(살전 2:13). 왜 그렇게 효과적일까? 하나님의 말씀은 살아있고 능력이 있어서 어떠한 양날선 검보다 더 예리하기 때문에 우리들의 삶속에 있는 결박을 깨뜨린다(히 4:12). 기도와 금식은 우리로 하여금 우리 안에 살아서 역사하고 계시는 하나님의 말씀에 더 열려있게 한다. 요한복음 15:7은 "너희가 내 안에 거하고 내 말이 너희 안에 거하면 무엇이든지 원하는 대로 구하라 그리하면 이루리라"고 말씀한다. 야고보서 1:21은 "그러므로 모든 더러운 것과 넘치는 악을 내어 버리고 능히 너희 영혼을 구원할 바 마음에 심긴 도를 온유함으로 받으라"고 말씀한다. 예수님께서는 만약 하나님의 말씀(하나님의 생각들)이 우리 속에 거하면, 우리들이 기도의 능력을 가질 것이라고 약속하셨다. 우리들이 성경을 묵상하고 완전한 복종을 추구할 때, 하나님의 말씀이 우리 속에 거하게 된다. 그 말씀이 우리 마음속에 뿌리 내릴 때, 하나님의 말씀이 우리 속에 거하게 된다. 기도의 영에 대한 연료는 우리들의 속사람을 흠뻑 적시고 있는 하나님의 말씀이다.

우리들은 종교적이고 기계적인 방식으로 단지 "기도를 말하는 것"을 원하지 않는다. 어떤 이들은 마치 그것이 마음으로부터 죄를 제거해주는 어떤 신비한 요술의 하나인양 생각하고 금식한다. 그들은 회개하거나 하나님의 말씀으로 자신들을 채우지 않는다. 금식 그 자체가 우리를 변화시키는 것이 아니라 하나님의 능력이 그렇게 한다. 우리들의 마음속에 하나님의 말씀을 비축해놓는 것이 세상적이고 죄악된 즐거움으로부터 자유를 얻는 길이며 하나님 안에서 즐거움과 자유를 얻는 길이다. 이러한 일이 일어날 때, 우리들은 거짓 우상 금덩이를 진토에 내려놓을 수 있을 것이며, 하나님 한 분 안에서만 기뻐할 수 있을 것이며, 우리의 기도가 성취되는 것을 볼 것이다.

"그 말씀을 네 마음에 두라 네가 만일 전능자에게로 돌아가고 ... 네 보배를 진토에 버리고 ... 그리하면 전능자가 네 보배가 되시며 ... 이에 네가 전능자를 기뻐하여 ... 너는 그에게 기도하겠고 그는 들으실 것이며 ... 네가 무엇을 경영하면 이루어질 것이요 ..."(욥 22:22-28).

하나님의 말씀 속에 있기 위한 행동계획을 수립하는 것
Establishing an Action Plan to be in the Word

캔사스시티에 있는 국제 기도의 집 선교본부의 400명의 스텝들은 일주일의 상당한 시간을 기도실에서 보낸다. 나는 그들이 예배팀과 직접 관계되어 있지 않은 시간이나 마이크를 통해서 기도하는 시간이 아닐 때도 계속 기도에 초점을 맞추고 있는 것에 도움을 주려고 몇 가지 간단한 지침들을 제안해 왔다. 이러한 지침들은 기도실 바깥에서도 마찬가지로 사용할 수 있다. 역동적인 기도생활을 갖는 것이 하나님의 뜻이라는 것을 믿어야 한다. 여러분들의 영적인 성장을 위해서 나의 간단하지만 효과적인 행동계획을 소개하고자 한다.

첫째로, 개인 성경공부 계획을 세우라. 이것은 하나님의 말씀이 당신 속에 살아있게 될 때까지 말씀을 마음속에 채우기 위한 것이다. 하나님의 말씀이 지루하다고 느껴지더라도 참고 계속하라. 당신의 마음속에 말씀의 능력이 느껴지기 전까지 포기하지 말라. 매일 신약성경 10장을 1주일 중 6일 동안 읽는 것은 매달 신약성경 전체를 독파하는 하나의 간단한 방법이다. 또 나는 스텝들에게 성경학교 수업을 들으라고 격려한다. 우리들은 많은 다른 성경학교들이 그러하듯이 인터넷을 통한 수업을 제공하고 있다. 교회나 학교 혹은 직장에서의 성경공부에 출석하라. 남들과 함께 성경공부를 할 때 더 많은 것을 배우기도 한다. 헌신된 삶을 살았고 성령의 능력 가운데 일했던 사람들의 전기를 읽기 바란다. 성경의 각 권들을 이해하는 데 적어도 두 가지 주석서들의 도움을 받으면서 연구하라. 실제적인 통찰력과 경건한 삶을 살도록 격려해주는 기독교 서적들을 읽기 바란다.

둘째로, 성령 안에서 많이 기도하라. 나는 모든 사람에게 하루 한 시간 동안 요한계시록 4장에 묘사된 하나님의 보좌에 초점을 맞추어 성령 안에서 기도하는 것을 시도해보라고 권한다. 이렇게 하는 동안 일기를 쓰는 것은 매우 중요하다. 바울은 우리들이 성령 안에서 기도할 때, 우리의 영이 교화되며 하나님으로부터 비밀을 계시 받는다고 말했다(고전 14:2, 4). 성령 안에서 하는 기도는 바울에게는 매우 중요한 것이었기 때문에 그는 다른 어떤 사람보다도 더 많이 이렇게 기도했다(고전 14:18). 바울은 "방언을 말하는 자는 사람에게 하지 아니하고 하나님께 하나니 ... 그 영으로 비밀을 말함이니라 ... 방언을 말하는 자는 자기의 덕을 세우고 ..."(고전 14:2, 4). "내가 너희 모든 사람보다 방언을 더 말하므로 하나님께 감사하노라"(고전 14:18).

셋째로, 정기적인 금식일을 정해 놓으라. 나는 모든 사람들에게 적어도 일주일에 한 번은 금식하라고 한다. 일주일에 이틀을 금식하면 더 좋다. 그리고 때때로 장기간의 금식을 하라.

넷째로, 개인기도 목록표를 만들라. 매일 그것을 통해서 기도할 때 더 집중할 수 있을 것이다. 큰 소리로 기도하는 것은 자신의 생각들을 제어하는 데 도움이 된다. 속삭이면서 기도할 때조차도 차이가 있다. 나의 개인기도 목록표에는 세 개의 주요 영역이 있다.

첫 번째로, 나는 심령의 비약적인 전환을 위해서 기도한다. 나는 주께 나의 마음에 사랑의 기름부음을 허락해달라고 요청함으로 친밀함으로 성장하는 것에 초점을 맞춘다. 이것은 내가 하나님의 사랑을 이해하고 느끼고, 그 후에 보답으로 하나님을 사랑하도록 성령께서 도우시는 것을 포함한다(엡 3:16-19). 나는 하나님을 경외하는 마음이 내게 부어지는 것(시 86:11)과 예수님으로부터 온유함을 배울 수 있기를 구한다(마 11:29). 우리들은 욥이 순전한 삶을 살기 위해서 그의 눈들과 언약을 맺었던 것을 본받아야 한다(욥 31:1; 시 101:3). 우리의 말을 조절하기 위해서 하나님의 도우심을 요청하는 것도 심령의 비약적인 전환을 만드는 것이 된다(시 141:3; 약 3:2). 이 모든 것으로 나는 하나님의 음성을 분명히 듣고 즉각적으로 주님께 순종하고자 한다.

둘째로, 나는 정신의 비약적인 전환을 위해서 기도한다. 나는 하나님께 삶의 각각의 특정한 영역을 위해 지혜와 방향을 구하고, 그리고 하나님의 말씀의 계시를 구한다(엡 1:17-18). 특별히, 나는 하나님의 인격과 목적들을 이해할 수 있기를 구한다. 나는 내 삶과 사역에 대한 하나님의 감정들(시 27:4)과 뜻을 알기를 원한다(골 1:9). 나는 하나님의 종말의 목적들에 대한 계시를 구한다(단 11:35; 12:10).

셋째로, 나는 사역의 능력의 비약적인 전환을 위해 기도한다. 나는 기름부음 받은 손들과 말씀들을 구한다. 나는 치료와 기적을 통하여 하나님의 능력이 우리 모두를 통해 흐르기를 원한다. 나는 또한 내가 기도하고 있든지, 설교하고 있든지, 혹은 친구들이나 불신자들과 개인적인 대화를 하든지, 내 말 위에 성령의 확신이 머무르는 사도적인 권능을 구한다. 나는 효과적으로 목회할 수 있도록 사람들의 마음의 비밀들을 인지할 수 있는 예언자적 통찰력을 구한다(고전 14:25). 나는 이러한 영역들의 각각의 경우를 위하여 신약성경에 있는 사도들의 기도들을 사용한다. IHOP-KC의 웹사이트에 여러분들이 시작하는 것을 돕기 위한 많은 종류의 기도 목록들이 있다.

다섯째로, 다른 사람들을 위하여 기도하는 것에 초점을 맞춘 기도 목록표를 만들고 그들의 삶의 여러 가지 영역에 있어서 하나님의 비약적 진보가 이루어지도록 구체적으로 기도하라. 이러한 목록표에 가족, 친구들, 사역들, 구원받지 못한 자들, 병든 자들 등을 넣으라. 내 기도 목록표에 있는 위에 설명한 세 가지 영역들을 통하여 기도하라.

    하고 싶은 권고의 말은, 여러분의 영을 강하게 하기 위해서 저녁 시간을 활용하라는 것이다. 많은 신자들이 저녁 시간에 하나님 안에서의 그들의 삶을 약화시키고 낮 시간에 영적인 기반을 회복하려고 한다. 저녁은 대부분의 영적 손실이 일어나고 영적인 기반이 무너지는 때이다. 한 걸음 앞으로 나아갔다가 한 걸음 뒤로 물러서는 일을 계속해서는 안 된다. 우리가 영적 싸움에서 얻은 영역을 부주의와 죄로 다시 잃을 수 있다. 기도와 금식 그리고 말씀 안에 부지런히 거하자. 그렇게 해야 비로소 우리의 삶 속에 있는 대적들의 견고한 진들이 점진적으로 무너지고, 우리는 하나님의 능력과 사랑을 점점 더 경험하게 될 것이다.

제8장 금식 생활에 대한
         다섯 가지 보상

Five Rewards of the Fasted Lifestyle

(다나의 말) 수년 전에 금식의 은혜에 대해서 받아들이라는 주님의 초청을 느꼈을 때, 나는 그것을 생각하는 것만으로도 떨렸던 것을 기억한다. 그것은 마치 내 앞에 산이 있는 것과 같았다. 나는 왜 금식이 그리스도인의 삶에 매우 중요한 것인지에 대한 이유를 알지 못했고, 금식을 함으로써 경험하게 되는 보상이 있다는 것을 실질적으로 상상하는 것은 더욱 어려웠다. 그러나 주님께서는 곧 나를 놀라게 하셨다. 이것은 우리들이 이러한 초청에 "예" 할 때 주님께서 즐겨 행하시는 방법이다.

정기적인 금식을 나의 일상생활에 포함시켰을 때, 금식이 상상했던 것처럼 고역이 아니라는 것을 점점 깨닫게 되었다. 뿐만 아니라 그 속에는 놀라운 것들이 있었다. 예를 들면, 나는 금식의 때에 하나님 앞에서 느꼈던 그 부드러움과 나의 마음속에 있었던 주님을 향한 섬세한 느낌과 사랑이 너무 좋았다. 하나님께서는 내게 금식의 유익한 점들을 경험하게 함으로써 점진적으로 나의 마음을 사로잡으셨다. 나는 금식을 가치 있게 여기고 사랑하게 되기까지 발전했으며, 이제는 금식을 열망하고 있다. 금식을 하면서 내가 알게 된 가장 놀라운 것 중의 하나는 실제로 금식을 즐거워할 수 있는 은혜를 받게 된 것이다.

본성으로 하는 금식은 아무런 능력도 이끌어내지 못한다. 영원한 기쁨의 하나님에 의해 지음 받은 사람들로서, 우리는 본성으로 이러한 종류의 훈련으로 이끌림받지 않는다. 나 자신이 직접 금식을 하면서 얻을 수 있는 매우 실제적인 유익들을 경험하지 못했다면, 금식하는 것을 사랑한다는 건 꿈에도 생각하지 못했을 것이다. 그러나 이러한 보상들이 우리의 마음에 와 닿기 시작할 때, 금식은 가능하며 할 수 있는 일이 된다. 비록 내가 이러한 놀라운 유익들을 깊게 체험하지 못하고 겨우 그 겉만 핥은 정도라 할지라도, 전심으로 나는 금식의 실재를 믿는다. 나의 바라는 것은 하나님의 은혜 가운데 남은 날들을 금식의 초청에 응답하면서, 그리고 금식의 보상들을 받으면서 사는 것이다. 예수님께서는 이러한 초청에 더불어 참여하라고 우리 한 사람 한 사람을 부르고 계신다(마 6:17, 18).

금식은 내적인 보상을 가져온다
Fasting Brings Internal Rewards

"너는 금식할 때에 ... 사람에게 보이지 않고 ... 은밀한 중에 보시는 네 아버지께서 갚으시리라"(마 6:17-18). 금식으로의 초청에 "예"라고 응답하는 것과 금식을 하면서 우리의 마음을 신랑 하나님 앞에 두는 것은 주님의 신비한 초청이며 그렇게 함으로써 거둘 수 있는 많은 보상들이 있다. 하지만 이러한 여정의 시작부터 우리가 알아야 할 것은 이러한 보상들 중의 많은 것들이 하나님과의 친밀한 관계에서 주어지는 내적인 보상들이기 때문에 처음에는 우리들에게 감추어져 있다는 것이다. 그 보상들은 마음을 어루만지는 것을 중심으로 하기 때문에 종종 쉽게 혹은 빨리 알아차리기 어렵다. 우리가 전인격적인 변화가 일어나고 있는 것을 즉각적으로 감지할 수 없지만, 그럼에도 불구하고 그것은 실제이다. 이러한 유익들은 종종 우리가 과거를 회상해보기 까지는 인식할 수 없는 "지체되는 요소"를 가지고 있다. 이러한 지체되는 것에 관하여 미리 알고 있다면 우리는 처음 금식을 시작할 때 어떤 획기적인 결과가 나타나는 것 같지 않아도 실망하지 않을 것이다.

많은 사람들에게 주로 내적인 보상들을 위해서 하나님을 추구하라는 것은 새로운 개념일 수 있다. 어떤 사람들은 단지 그들의 사역에 하나님의 능력을 증대하기 위한 하나의 방법으로 금식을 한다. 이러한 목적을 위하여 금식하는 것도 성경적이다(마 17:21). 그러나 안나를 제외하고 성경의 어떤 인물보다 금식을 많이 했던 사람은 세례(침례)요한이었으나, 그는 아무런 기적도 표적도 기사도 행하지 않았다(요 10:41). 그러나 요한에 대한 하늘의 평가는 놀라운 것이었다. 가브리엘은 그가 주 앞에서 큰 자가 될 것으로 예언했고, 예수님께서는 그를 여자가 낳은 자 중에서 가장 큰 자라고 하셨다(눅 1:15; 마 11:11). 그의 위대함은 그의 사역에서의 기적들과는 관련이 없었다. 그는 아무런 기적도 행하지 않았다. 그의 위대함은 그의 금식 생활 가운데 길러진 하나님께 대한 그의 복종과 하나님과의 친밀함에서 발견된다.

금식을 통해 하나님께서 우리에게 주시는 전인격적인 변화에 대한 이해가 없이는, 우리는 금식을 두려워하기 쉽다. 많은 이들이 단지 금식의 부정적이고 어려운 측면만을 이해하고 있다. 대부분의 사람들에게 새로운 소식은 금식이 하나님과의 친밀함에 관한 놀라운 유익을 준다는 것이다. 이 장에서는 금식이 주는 다섯 가지 보상들에 관해 초점을 맞출 것이다. 그것들은 너무나 강력해서 결국은 우리가 금식을 사랑하도록 만들 것이다. 금식이 이토록 흥분될 만큼 좋은 것이라고 누가 상상이라도 해 보았겠는가? 그 이유는 오직 우리를 향한 사랑에 불타고 있는 아름다운 하나님과 신랑이 계시기 때문이다. 우리를 기다리고 있는 놀랄만한 일은 우리를 향하신 하나님의 기쁨과 사랑을 느끼면서 오는 흥분된 감정이다. 우리들은 결국 하나님의 임재에 대한 우리의 경험이 더 커지기를 갈망하게 될 것이며, 그것으로 우리는 더욱 금식하게 될 것이다. 금식은 두려운 경험이 아니며, 오히려 그 속으로 열렬히 뛰어 들어가야 할 경험이다. 주님께서 재림하시기 전에 주님을 사랑하는 자들이 또한 금식을 사랑하는 것이 평범한 일이 될 것이다.

첫 번째 보상:
금식은 하나님을 더 많이 받아들이기 위하여 우리의 마음을 부드럽게 하고 예민하게 한다

Reward #1: Fasting tenderizes and sensitizes our hearts to receive more of God

금식은 우리의 감정을 부드럽게 한다. 본성적으로 우리의 마음은 굳어지기 쉽고 주님께 둔해지기 쉽다. 우리가 하나님께로 가까이 가든 멀어지든 두 가지 외에 중립적인 경우는 없기 때문에, 우리는 알지 못하는 가운데 미묘하게 영적으로 둔해질 수 있다. 우리는 자주 무의식중에 천천히 영적인 예민함으로부터 둔함으로 옮아가기 시작한다. 마음속의 이러한 심상치 않은 경향과 싸울 때 우리는 금식으로의 부름을 심각하게 고려하게 된다. 신랑 앞에서의 금식은 우리의 마음을 민감하고 부드럽게 한다.

이렇게 마음을 부드럽게 하는 것을 처음에는 바로 인식하기 어렵다. 그것이 처음에는 노골적이거나 강렬하지 않기 때문에 그것이 진행되는 것을 매번 인식할 수가 없다. 때때로 과거를 회상해볼 때에야 하나님께서 금식의 은혜를 통해서 그의 앞에서 우리의 마음을 얼마나 부드럽게 하셨는가를 인식할 수 있다.

시간이 흐름에 따라 우리는 첫 번째 계명을 우리의 삶 가운데 첫 번째 자리에 두게 한 기름부음이 부어진 것을 발견하게 된다. 곧 마음과 목숨과 뜻과 힘을 다하여 하나님을 사랑하기 시작하는 것이다. 우리들은 하나님의 사랑과 아름다움을 느끼고 경험하는 능력 안에서 강해진다. 우리들을 향한 하나님의 사랑을 느끼고, 그리고 하나님을 향해 사랑을 느끼게 된다. 인생의 어떤 경험이 이보다 더 강력할 수 있겠는가? 우리는 하나님의 아름다움을 더 깊이 체험하고 있을 뿐 아니라 하나님 안에 있는 우리들 자신의 아름다움도 보고 있다. 이렇게 주고받는 상호작용이 신성한 로맨스의 기초이다. 우리들은 복음의 보다 나은 즐거움과 마주치며 경험하게 된다. 성령님께서 우리의 마음에 예수님의 사랑을 전달하실 때 오는 상쾌함보다 더 사람의 마음을 흥분시키며 자유롭게 하는 것은 없다.

이러한 사랑의 소통이 우리의 속사람에 일어날 때 마음의 자유는 찾아지고 우리의 삶이 하나님을 더 원하는 열망에 의해서 다스려지게 된다. 비록 우리가 놀랍도록 성공한 것처럼 보일지라도, 우리 속의 열망들이 하나님과 일치되어 있지 않다면 그 삶은 고단한 것이다. 우리의 욕망들이 하나님의 은혜에 의해서 다루어질 때 그 삶은 매우 달라진다. 미국 원주민에게 잘 알려진 선교사 데이비드 브레이너드(David Brainerd)는 그의 일기에 다음과 같이 적었다:

하나님과의 교제의 달콤함과 그의 사랑의 힘과 어떻게 그것이 나의 영혼을 사로잡고 나의 모든 욕망과 사랑의 중심을 하나님 안에 두게 하는지를 느끼면서, 나는 복음 선포자로서 축복 받기 위하여 하나님께로 향한 금식과 기도를 위하여 이 날을 구별해 놓았다. 그날 오후 나는 기도 가운데 생명력과 능력을 느꼈다. 하나님께서는 나를 친구들을 위한 중보기도로 열심히 씨름할 수 있게 해주셨다. 주님께서 기도 가운데 나를 신비롭게 방문하셨다. 내 심령이 전에는 결코 그와 같은 격정 속에 있어 본 적이 없었다. 나는 아무 구속도 느끼지 않았다. 그것은 하나님의 은혜의 보배들이 내게 열려있었기 때문이었다. 나는 결석한 친구들과 불쌍한 영혼들을 위한 집회를 위하여 씨름했다. 해가 반쯤 떴을 때부터 어두워질 때까지 그러한 격정 속에 있었으며, 온 몸이 땀에 흠뻑 젖었다. 오! 나의 사랑스러운 주님께서 이 불쌍한 영혼들을 위하여 피를 땀방울 같이 흘리셨도다! 나는 그들을 향해 더욱 강한 동정심을 갖기를 갈망했다. 나는 신성한 사랑을 느끼는 가운데 있었으며, 그 마음 그대로 즉 하나님께 내 마음을 고정시켜 놓은 채로 잠자리에 들었다.

두 번째 보상:
금식은 의롭고 초점에 맞춰진 삶을 위한 우리의 역량을 크게 해준다

Reward #2: Fasting enlarges our capacity for a righteous and focused life.

신랑을 위한 금식(the Bridegroom fast)을 통하여, 우리의 욕망들은 변화된다. 하나님께서 의에 대한 우리의 감정을 증대시키시고, 하나님께서 느끼시는 것을 더 많이 느끼도록 하신다. 하나님께서는 의를 위한 뜨거운 열심 안에서 우리를 성장시키시고, 죄에 대한 미움을 갖게 하신다. 성경은 예수님께서 열정적으로 의를 사랑하시고, 죄를 미워하셨다고 선포한다. "네가 의를 사랑하고 불법을 미워하였으니 … "(히 1:9). 예수님께서는 이것을 우리에게 나누어 주시기를 원하신다.

하나님의 은혜가 우리의 마음을 돌려놓기 전에는 우리는 본성적으로 죄를 사랑하고 의를 미워한다. 우리를 향한 하나님의 바람은 우리가 이제껏 미워했던 것을 사랑하게 되고, 우리가 이제껏 사랑했던 것을 미워하게 되는 것이다. 신자들이 그들의 삶 가운데 죄를 대수롭지 않게 생각할 때, 똑같은 죄에 대한 무력감을 교회 안에서, 더 크게는 나라 안에서도 갖게 된다. 우리들은 이러한 끔찍한 영적 무력감에 붙잡히기를 원치 않는다. 우리들은 죄가 예수님께 그랬던 것처럼 우리에게도 혐오스러운 것이 되기를 원하며, 거룩함에 대한 그의 강렬한 사랑에 붙잡히기를 원한다. 금식은 우리의 감정적이고 화학적 성질에 이러한 변화를 가져다준다. 우리는 하나님께 전적으로 복종하는 삶을 살기 원하는 새로운 열망들로 초자연적으로 덧입혀지기 시작한다. 깨끗하게 살고 깨끗함을 느끼는 것은 우리의 영광이요 유산이다. 의에 대해서 예수님께서 느꼈던 것을 조금이나마 느낀다는 것은 영광스러운 하나님의 선물이다. 오! 거룩한 삶과 그것을 사모하는 것의 영광이여!

하나님께서는 우리에게 의에 대한 그의 사랑을 주실 뿐만 아니라 그것에 초점을 맞춘 삶을 살도록 능력과 열정도 주신다. 우리는 성령님께서 주시는 강렬함을 가지고 살도록 창조되었으며, 우리의 에너지를 가지고 계시는 하나님을 향해 초점을 맞추도록 지음 받았다. 하나님이 우리의 삶에 있어서 가장 중요한 일이 되어야 한다는 것이 우리가 더 열등한 일에 종사해서는 안 된다는 의미로써 나는 말하는 것이 아니다. 하나님과 같이 되는 것은 일상적이고 세속적인 생활 속에서 신실함을 갖고 사는 것이다. 모든 것에서 예수님이라는 최고의 목표를 향한 마음을 갖는 것이다.

예수님께서 마르다에게 한 가지만이라도 족하며 마리아가 그것을 택했다고 말씀하셨다(눅 10:42). 마리아는 여전히 빨래를 하며 건전한 친구 관계를 가지고 있었다. 동시에 마리아의 삶에 대한 표상은 그녀는 한 가지의 여인이었다는 것이었다. 마찬가지로 다윗 왕도 하나님의 아름다움을 보는 것 그 한 가지 욕구만을 가지고 있다고 선언했다(시 27:4). 다윗은 하나님의 것들에 대한 하나님의 열심을 느꼈다(시 69:7-12). 그는 그의 가장 중요한 원천이요 삶의 목표인 하나님께 사로잡혀 있었다. 다윗은 나라의 정치적인 지도자였고 군대를 감독했지만, 그는 여전히 한 가지 목적의 사람이었다. 그의 삶의 초점은 주님께 맞추어져 있었다.

우리들은 강함 속에서 성장한다. 그러나 그 성장은 단순히 우리의 개성이나 기질의 강함 속에서의 성장이 아니고, 하나님께 열렬히 초점을 맞춘 삶 가운데서의 성장이다. 그러한 성령께서 주신 초점은 우리가 금식할 때 주어지는 하나님의 선물이다. 우리들은 장애물에 상관없이 흔들리지 않고 견실하게 된다. 초점이 맞추어진 삶과 경건한 감정을 가진 자들은 그들이 승진이 되든지 강등이 되든지, 기회가 올 때이든지 갈 때이든지 상관없이 일관됨을 느낄 수 있고 또 일관되게 행동한다. 만약 성공에 대한 우리의 감각과 하나님을 사랑하는 자로서의 정체성이 수립되면, 다른 사람들의 의견들은 우리의 마음을 흔들어 놓을 수 있는 힘을 잃어버린다. 교회 역사상 금욕 운동은 전통적으로 이러한 상태를 "이탈"이라고 부른다. 그러나 나는 이러한 거룩한 이탈 상태를 하나님의 은혜 안에서의 자유와 해방이라고 생각한다.

사소한 것들로부터의 거룩한 이탈
Holy Detachment from Lesser Things

우리가 금식 생활로 들어갈 때, 우리의 모든 문제가 순식간에 사라지는 것은 아니다. 오히려 우리가 문제들보다는 사랑에 사로잡히기 시작할 때, 그러한 문제들은 하나님의 관점으로 다가온다. 성령님께서 우리에게 하나님과 영원에 대한 큰 그림을 보여주실 때, 우리들은 점점 더 어떤 환경적인 이상에 대한 욕구로부터 이탈하게 된다. 이탈은 우리가 더 이상 소유하는 것으로 지배당하지 않고, 더 이상 사람에게 보이기 위해 살지 않고, 다른 사람들이 우리에 대해서 말하는 것에 의해서 결정되는 정체성을 갖는 것으로부터 자유롭게 될 때이다.

"이탈"이라는 단어는 "실재로부터의 이탈"이라는 개념에서 느끼는 바와 같이 오늘의 세계에서는 함축된 부정적 의미를 갖는다. 그러나 우리가 기쁨과 힘의 원천으로서 하나님보다 다른 어떤 것에 잘못된 초점을 맞추는 것을 더 이상 하지 않을 때 이탈은 바람직하고 거룩한 것이다. 이러한 이탈이 일어나면, 우리들은 승진과 강등의 경우에 거의 동등하게 반응한다. 우리들은 사람들의 호의를 환영하며 즐기는 것이나, 하나님 안에 있는 가장 높은 것들로부터 우리들의 마음을 다른 데로 돌리는 승진을 흔쾌히 거절한다. 이탈의 과정이 없으면, 승진은 종종 우리들을 도취감으로 눈이 멀게 만들고, 주의를 산만하게 하여 분명하게 볼 수 있는 능력을 빼앗아간다. 우리가 이러한 양 극단의 경우들에 같은 방식으로 반응할 때, 우리는 심오한 자유와 원대한 영을 경험한다.

예수님께서는 군중들이 그를 이스라엘의 왕이나 대통령으로 추대하는 것을 허락하지 않으셨다. 그것은 그가 왕이 되는 것이 잘못이어서가 아니고, 그가 천년왕국 동안 지상의 모든 왕의 왕이 되실 것을 아셨기 때문이었다. 그 논점은 예수님이 등극할 것인가 아닌가 하는 것이 아니라 예수님의 등극의 시기였다. 예수님의 초림 때 그가 등극하는 것은 하나님의 뜻이 아니었다. "그러므로 예수께서 저희가 와서 자기를 억지로 잡아 임금 삼으려는 줄을 아시고 다시 혼자 산으로 떠나가시니라"(요 6:15). 많은 현대의 그리스도인들에게는 그러한 좋은 제안을 저버리는 것이 어려운 일일 것이다. 우리들은 만약 우리가 갑자기 나라의 대통령이 된다면 정말 많은 좋은 일들을 할 수 있지 않을까 라고 자동적으로 생각할 것이다. 그러나 예수님께서는 승진을 우리가 보는 것과는 다르게 보셨다. 예수님께서는 그의 사역에 대한 사람의 인정보다는 하나님의 완전한 뜻을 구했다.

교회 역사에 나타난 이러한 원리에 대해서 내가 가장 좋아하는 예들 중의 하나는 베르나드 클레르보(Bernard Clairvaux, 1090-1153 AD)라는 카톨릭 수도사의 삶에서 이다. 베르나드는 신랑 하나님의 아름다움 앞에서 금식하는 것에 대하여 많이 가르쳤다. 이 작고 깡마른 수도사는 그의 생애 동안에는 세상에서 가장 능력있는 사람들 중의 하나였다. 프랑스, 독일 그리고 이탈리아의 왕들이 그를 무척 존경했으며, 그들이 서로 전쟁을 하려할 때 베르나드의 간단한 편지 한 장은 그들을 막을 수 있는 능력을 가지고 있었다. 어느 날 로마의 지도자들이 그를 교황으로 추대하기를 원했는데, 그는 그것을 거절하고 그의 제자들 중의 한 사람을 천거했다. 그는 교황의 제의를 거절한 역사상 유일한 인물이다. 거절하기 위한 베르나드의 이유는 무엇이었을까? 그는 단지 그가 즐기고 있었던 하나님과의 친밀한 교제를 그대로 계속할 수 있기를 원했다.

우리가 하나님의 아름다움을 추구하고 있는 동안에, 우리들은 복수심이나 자기 고취감을 위한 에너지를 쓰지 않는다. 자기중심적인 삶에서 하나님 중심적인 삶으로 옮겨갈 때 우리들을 귀찮게 하거나 흥분시키는 것들이 바뀐다. 사람 앞에서 칭찬을 받는 것이 덜 중요하고, 더 헛되고, 더 덧없는 것이 된다. 좌천되는 것이 개인적인 것으로 느껴지지 않고 파멸적이지도 않다. 힘든 상황은 어려운 그대로 있지만, 이제 더 이상 옛날에 그랬던 것처럼 그것이 우리의 삶을 압도하거나 무력하게 하지 않는다. 우리의 문제들은 하나님의 관점 아래 놓이게 되고 우리들은 다른 모든 것을 뛰어넘어 사랑에 사로잡히게 된다.

세 번째 보상:
금식은 계시의 영으로 마음에 빛을 비춘다
Reward #3: Fasting illuminates the mind with the Spirit of Revelation.

금식의 또 다른 한 가지 보상은 성령님께서 우리의 이해력에 빛을 비추어 주신다는 것이다. 신랑을 위한 금식은 우리의 마음을 민감하게 하고 우리가 받는 하나님의 계시를 증가시켜줌으로써 우리를 하나님의 말씀에 대한 계시를 받는 위치에 둔다. 예수님께서 엠마오 도상의 제자들에게 나타나셨을 때, 그들의 이해의 눈을 밝혀주시고 그들의 마음을 뜨겁게 하셨다(눅 24:29-36). 이것이 우리가 금식할 때 기도해야 할 것 곧 우리 속에 살아있게 될 뜨거운 하나님의 말씀이다. 사람의 마음속에 하나님께서 당신을 계시하실 때(예수님께서 예수님 자신을 계시하실 때)보다 더 강력한 것은 없다.

예수님께서 "내가 아버지의 이름을 저희에게 알게 하였고 또 알게 하리니 이는 나를 사랑하신 사랑이 저희 안에 있고 나도 저희 안에 있게 하려 함이니이다"라고 하셨다(요 17:26). 예수님께서 제자들에게 아버지의 이름 혹은 인격을 알게 하셨고 오늘날에도 성령님을 통하여 그 일을 계속하신다. 이를 행함에 있어서 예수님은 아버지에 대한 우리의 이해를 활짝 열어주심으로 우리의 마음에 불을 지피신다. 예수님께서 우리에게 아버지를 계시하실 때 하나님 아버지를 향한 우리의 사랑이 증대된다.

　신랑을 위한 금식의 또 다른 하나의 유익은 예언적인 꿈들과 환상들을 통해 하나님께서 우리에게 계시를 활짝 열어주시는 것이다. 하나님께서 밤에 우리에게 예언적인 꿈들을 주심으로 우리의 이해력을 활짝 열어주시고 살아있게 하신다. 수년 동안 내가 정기적으로 금식할 때, 영적인 꿈들과 환상들이 눈에 띠게 증가하는 것을 경험해 왔다. 나는 그 이유가 금식이 우리의 영을 민감하게 하여 밤에 하나님으로부터 계시를 잘 받게 하기 때문이라고 믿는다. 금식은 우리를 내적으로 깨어있는 자리에 두어 하나님으로부터 계시를 받도록 한다. 하나님께서는 그의 비밀들을 우리에게 알려주신다(요 21:20).

　우리들은 하나님 마음속의 깊고 비밀스러운 영역들을 더 많이 경험하기를 갈망한다. 하나님 안에 있는 생명 속으로 들어가는 길은 살 수도, 얻을 수도, 조작할 수도 없는 것이다. 지구상의 모든 돈과 위대한 왕들의 모든 권세로도 하나님 마음의 비밀 속으로 들어가는 단 하나의 창도 열 수 없다. 그러나 우리에게 우리 스스로 취할 수 없는 것이 그냥 주어진다. 기도와 금식이 우리의 영을 부드럽게 할 때, 우리는 하나님 마음의 비밀스러운 영역 속으로 정중하게 안내된다. 성령님께서 하나님의 깊은 것들(예수님께 속한 것들)을 찾아서 우리에게 주신다(고전 2:10; 시 25:12, 14).

　성령님께서 이 일을 하실 때, 우리는 전에는 결코 보지 못했던 주님의 마음에 관한 것들을 보는 능력을 부여받는다. 많은 사람들이 영적인 권태에 둘러싸여 하루하루 내적으로 질식되는 삶을 살아가면서 이러한 종류의 계시가 없이 사는 것에 만족하고 있다. 예수님께서는 우리를 위해서 훨씬 더 많은 것을 원하신다. 요한복음 16:15에서 예수님은, "무릇 아버지께 있는 것은 다 내 것이라 그러므로 내가 말하기를 그가 내 것을 가지고 너희에게 알리리라 하였노라"고 말씀하셨다.

예수님의 마음을 보는 과정 가운데 우리들은 예수님께 중요한 것이 무엇인지를 알게 된다. 성령님께서 주시는 조명을 통하여, 하나님께서 실제로 작은 것은 작게 보이게 하고 큰 것은 크게 보이게 함으로 우리 삶에 신성한 통찰력을 주신다. 예를 들면, 어떤 사람이 당신에게서 수천 달러를 훔쳤다고 해도 사실은 작은 일일 수 있다. 이것이 지금은 우리에게 커 보일 수 있으나, 사실 500년이 지나면 우리들은 그것을 기억조차 하지 못할 것이다. 그것은 실제로 작은 일이고 우리는 그것을 작은 일로 인식할 필요가 있다.

영원, 예수님의 재림, 대환난, 그리고 영원한 지옥불은 인생에 있어서 진실로 큰 것들이다. 그러나 그것은 크기만큼 실제로 우리 사고의 많은 부분을 사로잡지 못하며 그것들은 우리와 멀리 떨어져 있는 것 같다. 성령님께서는 이러한 진리들을 우리가 크게 보기 원하신다. 금식을 통해서 우리의 이해는 보통 우리를 수렁에 빠지게 했던 것들 위로 솟아오르며 우리 문화의 일상적인 가치들을 초월하기 시작한다. 우리는 세상 속 하찮은 것들 속에서 길을 잃지 않게 하는 은혜를 발견한다.

네 번째 보상:
금식은 우리의 영적인 정체성에 대한 깊은 감각을 강화시킨다

Reward #4: Fasting strengthens a deep sense of our spiritual identity.

인간의 마음 깊은 곳에는 우리가 누구이며 우리가 어떤 누구와 관계가 있는지 알고자 하는 부르짖음이 있다. 우리들은 성부 앞에서는 아들과 딸로서 또 성자 앞에서는 신부로서의 진정한 정체성을 알고 느끼기를 갈망한다. 신랑을 위한 금식은 이러한 정체성에 대한 우리들의 계시를 강화시킨다. 우리들은 하나님께서 우리를 어떻게 보시는가를 이해하게 되고, 그것에 대해서 하나님과 일치하기 시작한다. 우리의 진실된 정체성을 영원한 영광과 연결할 때, 우리는 강해지고 두려움이 없게 된다. 만약 우리가 예수님과 함께 지상을 다스릴 왕들인 것을 알게 된다면, 그 후로 우리들은 전혀 다른 삶을 살게 될 것이다. "... 합당하시도다 일찍 죽임을 당하사 ... 사람들을 피로 사서 하나님께 드리시고 저희로 우리 하나님 앞에서 나라와 제사장을 삼으셨으니 저희가 땅에서 왕노릇하리로다 하더라"(계 5:9-10).

예수님의 영원한 동료요 파트너인 것을 알게 될 때, 우리의 마음은 엄청나게 강해진다. 이에 대한 이해가 없다면, 우리들은 자신에게 과도하게 사로잡혀, 닻을 내리지 못한채 영적인 삶속을 이리저리 허우적거리게 된다. 대부분의 사람들은 그들 자신에게 사로잡혀있다. 우리는 성장함에 따라 자기 집착에 대한 표현들을 억제하며 은폐하는 것을 배운다. 우리들은 다른 사람들 앞에서 체면을 유지하기 위해서 좋은 예의범절로 그것들을 숨기는 것을 배운다. 그러나 이러한 은폐로 우리가 남에게 어떻게 보이는가에 대한 생각들의 노예가 되어 있다는 진실을 바꿀 수는 없다. 그것을 감추어도 부지불식간에 우리들은 여전히 아파하고 있다. 이러한 형편에 놓이지 않으려면 우리 속에 하나님의 힘이 필요하다. 신랑을 위한 금식은 우리들을 시기심, 질투심, 그리고 불안감으로 사로잡혀 있는 우리에 대한 거짓말들을 약화시킴으로써 우리의 정체성에 대한 지각을 강화시킨다.

하나님께서는 우리가 하나님께 그리고 하나님 안에서 누구인가를 이해하기 원하신다. 우리들은 매우 의미 있는 존재로 지어졌다. 우리들은 하나님에 의해서 독특하고 소중하게 설계되었다. 우리의 완전한 정체성은 하나님께서 우리를 사랑하신다는 지식 위에 기초하고 있다. 우리의 정체성이 하나님의 마음과 연결되어 있을 때, 우리는 강하며 두려움이 없다. 금식하며 신랑의 음성을 분명하게 듣기 시작할 때, 예수님께서 우리가 누구인가에 대한 의문을 가라앉히신다.

금식과 기도를 통해서 강화된 정체성에 대한 가장 깊은 성경의 예들 중 하나는 세례(침례) 요한이다. 요한은 신랑의 음성을 들었으며, 그것은 그의 정체성에 깊은 영향을 주었다. 요한은 광야의 외치는 소리였다. 다른 말로 하면 그가 그분의 음성을 들었을 때, 유명한 이름이나 얼굴이 아닌 단지 하나의 목소리가 되는 것에 행복해했다는 것이다. 요한은 18개월의 사역을 하기 위해서 그의 전 생애 즉 18년간을 광야에서 보냈다. 이 "여자에게서 난 자 중에 가장 큰 자"에 대한 이스라엘의 반응은 그를 귀신들렸다고 하는 것이었다. " 내가 진실로 너희에게 말하노니 여자가 낳은 자 중에 세례(침례)요한보다 큰 이가 일어남이 없도다 그러나 천국에서는 극히 작은 자라도 저보다 크니라 … 요한이 와서 먹지도 않고 마시지도 아니하매 저희가 말하기를 귀신이 들렸다 하더니"(마 11: 11, 18). 이럼에도 불구하고, 생의 마지막 때에 요한의 심령은 기쁨으로 가득 차 있었다. 그는 금욕의 삶을 살았고, 사람들로부터 거절당했으나 그는 그가 누구인지 알았고 그것을 기뻐했다.

　우리가 예수님의 음성을 들을 때, 우리가 원하는 것과 잃어버릴까 두려워하는 것이 바뀐다. 그의 음성을 듣고 우리의 정체성에 대한 확신을 가질 때, 가장 잃어버릴까 두려워하는 것은 우리 마음에 부어지는 성령님의 기름부음과 주님 앞에서 순종의 삶을 사는 능력이다. 우리가 누구인가를 아는 것의 중요한 결과는 두려움이 없어지는 것이다. 우리의 환경과 위치로부터의 거룩한 분리로 우리는 하나님 안에서 만족을 누린다. 요한과 같이 우리들은 하나의 목소리로 만족하게 된다. 이 변화된 정체성이 우리의 평상적인 것들에 대한 불만족을 변화시킨다. 우리들은 다른 세상의 삶 즉 영원에 닻을 내린 삶을 사는 사람들이 된다.

다섯 번째 보상:
금식은 우리의 육체를 세워주며 우리의 신체적 건강과 영적인 친밀감을 증대시켜준다

Reward #5: Fasting equips our bodies and enhances our physical health and spiritual intimacy.

　신랑을 위한 금식을 하는 동안 육체적 욕망에 주어진 은혜는 우리의 혼과 육체 모두에 영향을 미친다. 흔히 하나님과의 친밀함은 순전하게 영적이어서 우리의 육체와 아무런 관련을 가지지 않는 것으로 생각하는 것이 일반적인데, 그것은 그렇지 않는다. 우리의 육과 혼과 영은 하나님의 설계와 계획 속에서 서로 통합되어 있다. 우리의 육체는 우리가 하나님을 경험하는 매개체이며, 그것으로 무엇을 하느냐 하는 것은 우리의 영적인 삶에 역동적으로 영향을 미친다. 하나님과의 친밀함을 경험할 수 있는 우리의 역량은 우리의 육체적인 행동들에 의해 증대될 수도 있고 약화될 수도 있다. 이것을 이해하는 것이 중요하다. 하나님의 설계는 매우 지혜로운 것이다. 우리의 육체적인 욕망들을 의가 지배할 때에는 하나님을 경험하는 우리의 역량이 증대된다. 그 반대의 경우 또한 사실이다. 비록 우리가 하나님을 열심히 추구할지라도, 우리의 감정들을 쓰레기로 가득 채우고 육체적인 욕망들로 성령님과 함께 하는 리듬에서 벗어난다면, 하나님의 생명을 경험하는 우리의 능력은 사라지게 될 것이다. 이 원리에는 세 가지 적용점이 있다.

　죄를 짓게 하는 육체적인 욕망들에 빠지는 것은 우리의 육을 더럽힌다. 우리의 육체는 성령의 전이며, 그것을 죄에 열어 놓는 것은 심각하게 해를 입히는 것이다. 마약, 성적 부도덕, 과음, 그리고 폭식들은 하나님 안에서의 우리의 삶을 풍성하게 하는 즐거움들이 아니다. 교회는 폭식에 대해서 자주 언급하지 않는다. 음식이라는 것을 이용한 사단의 속박에 대해서 거의 주의를 환기시키지 않는다. 그러나 음식은 종종 우상이 되며, 금식이라는 하나님께서 주시는 강력한 은혜의 선물은 그것을 그 우상의 자리에서 내려오게 하는 방법들 중의 하나이다.

　정당한 육체적인 욕망들에 탐닉하는 것도 우리 안에 있는 성령의 생명력을 사라지게 한다. 정당한 하나님께서 주신 즐거움들도 우리가 그것들을 우리의 삶 가운데 탐닉 수준까지 허락한다면 우리의 영을 둔하게 하며 우리의 육을 더럽힐 것이다. 우리의 삶 가운데 그 어떤 즐거움이라도 하나님보다 더 중요하게 두는 것은 잘못이다. 이러한 즐거움들로부터 금식하는 것은 우리의 마음속에 그것들이 어떠한 자리를 차지하고 있는지를 드러내고 그것들이 우상이 되지 않도록 하는 좋은 방법이다.

하나님께서 육체적인 건강을 위해서 주신 원리들을 소홀히 하는 것은 우리의 육체를 성령님과의 리듬에서 벗어나게 한다. 금식은 모순적이지만 정상적인 사람의 신체 건강을 증진시키는 힘을 자발적으로 내려놓게 하는 것이다. 그러나 하나님께서 허락하신 신체 건강의 원리들을 소홀히 하는 것은 우리를 쇠락하게 한다. 나쁜 식습관, 독소와 독극물로 가득 찬 몸, 운동을 하지 않는 것, 그리고 안식일 휴식 없이 과로하는 것들 모두는 우리의 신체 건강을 도둑질한다. 하나님께로 전심전력하는 것 중 일부는 신체 원리에 맞추어 사는 것이다. 그렇게 하는 것은 우리에게 금식과 기도에 돌입할 힘을 준다.

금식의 신체적인 유익
The Physical Benefits of Fasting

우리의 신체는 음식으로부터 정기적인 휴식이 필요하도록 설계되었다. 소화 시스템은 이러한 휴식이 있을 때 가장 잘 작동하며, 세포들은 그 속에 누적되어 있는 독소들을 제거할 기회를 얻게 된다. 건강을 위해서는 영양분이 필요하다는 것을 알기 때문에, 먹지 않는 것은 틀림없이 해로울 것이라고 논리적으로 생각한다. 굶주림이나 과도한 궁핍은 건강에 해를 끼치는 것이지만, 지혜롭게 정기적으로 금식하는 것은 우리의 활력을 증대시킨다. 잘못된 음식이나 혹은 과도한 음식은 우리의 몸을 허약과 비만과 질병으로 이끈다.

하나님께서는 우리의 신체가 종종 열과 자동적인 금식으로 질병에 반응하도록 설계하셨다. 우리는 병에 걸리면 통상적으로 먹기를 원치 않는다. 금식은 우리 몸 안에 하나님께서 설계하신 치료와 정화의 수단이다. 신체는 세포 차원에서 자신 스스로를 치료한다. 세포의 생화학적인 장치들은 단백질과 탄수화물과 지방들을 처리하는 복잡한 과정을 가지고 있다. 각 처리 과정은 부산물들을 생성해내고, 이 부산물들은 세포들이 독소들로 가득 차는 것을 막기 위해서 반드시 제거되어야 한다. 세포들은 때때로 이러한 처리 과정들로부터 휴식이 필요하다. 금식은 세포들에게 그 독소들을 청소할 수 있는 시간을 제공한다. 적절한 휴식이 없으면 우리의 시스템이 과중한 부담을 가질 수 있다. 금식은 이러한 휴식을 제공한다.

한 연구를 위하여 50명의 건강한 사람들이 3주간의 금식을 하기로 동의하였다. 그 결과는 그들의 콜레스테롤과 혈압이 낮아졌다는 것을 보여주었다. 또 다른 연구에서는, 금식이 류머티스 관절염과 관절의 통증을 완화시켰다. 금식은 탐닉에 의해서 시달린 우리의 효소 시스템을 강화시킨다. 고대문명의 의학조차도 건강을 위해서 금식을 처방했다. 의학의 아버지라고 불리는 히포크라테스(Hippocrates, 460-375 BC)는 자신의 질병과 싸우기 위해서 금식을 이용하였다.

신랑 앞에서의 금식에 대한 보상들은 매우 크다. 그 문들이 우리들에게 들어오라고 부르고 있을 때, 이러한 보상들이 바로 우리들 앞에 놓여 있는 것이다. 하나님께서는 모든 신자들이 그 보상에 참여하기를 원하시는데, 그것들이 바로 기본적인 기독교의 일부분이기 때문이다. 금식에는 보상들과 더불어 심각한 어려움과 위험도 있다. 하나님께서 우리들에게 주실 보상들에 대한 비전을 주시는 것과 마찬가지로, 우리가 금식을 추구할 때의 위험들에 대해서도 알기를 원하신다. 다음의 여러 장들을 통하여 이러한 어려움들과 위험들을 살펴볼 것이다.

제9장 금식 생활에 있어서의
　　　　일곱 가지 어려움

Seven Difficulties of the Fasted Lifestyle

　　금식 생활에는 유익과 함께, 매우 실제적인 어려움이 존재한다. 보상은 금식의 부담과 공존한다. 우리가 경험하는 유익이 훨씬 더 뛰어나지만, 그것이 우리가 가지고 있는 힘든 싸움들을 무효하게 하지는 않는다. 수년 동안 우리는 많은 사람들이 금식에 대해서 흥미를 가지고 몇 달간 힘차게 전진했으나, 결국 환멸을 느끼고 중단하는 것을 보아왔다. 금식과 기도 생활을 견지하는 길은 장거리 마라톤과 같은 속도로 달리는 것이다. 만약 우리가 어떤 종류의 도전들을 만나게 될 것인지에 대해서 이해한다면, 우리는 그것들을 견뎌낼 인내력으로 무장할 것이고, 알려지지 않은 포기와 예측되지 못한 탈락의 환멸을 피할 수 있을 것이다. 미리 경고받음으로 미리 무장할 수 있는 것이다.

우리가 알고 있어야 되는 장애물은 내적이고 외적이며, 영적이고 자연적이며, 육체적이고 정신적이다. 우리가 다음의 두 장들에서 이러한 어려움과 위험에 대해서 구체적으로 다루기 전에, 금식의 유익이 그 어려움을 실제로 능가한다는 원리를 강조하는 것은 중요하다. 그렇다. 장애물이 있다. 그러나 우리가 인내로 그것들을 이겨낸다면, 얻어지는 은혜는 장애물이 주는 시련들을 훨씬 능가할 것이다.

첫 번째 어려움 : 신체의 약화와 부작용들
Difficulty #1: Physical Weakness and Side Effects

금식생활에 있어서 우리가 부딪히는 첫 번째 도전은 신체적 약화와 무력감이다. 우리가 신체의 약화를 경험하기 시작할 때, 잘못된 생각을 하지 말아야 한다. 이것은 우리가 하나님의 강력함 속으로 들어가기 위해서 받아들이는 자원하는 약함이다.

금식은 첫째로 약함으로의 부르심이다. 배고픔은 두 번째 문제이다. 처음에는 매우 배가 고프게 될 것이다. 그러나 금식이 가끔 하는 행사가 아닌 삶의 스타일이 될 때, 약함이 만들어져 축적된다. 심지어 "먹는 날들"에도 지난 번의 "금식의 날들"로부터의 신체적 약함을 느낄 수 있다. 다윗은 이렇게 기록했다: "금식함을 인하여 내 무릎은 약하고 내 육체는 수척하오며"(시 109:24).

　금식할 때 겪는 신체의 약화는 여러 가지로 나타난다. 첫째, 수면 패턴이 바뀐다. 금식할 때 실제적으로 잠을 덜 자게 된다. 잠이 불규칙하고 깊지 않다. 또 다른 약함의 증상으로 두통을 경험할 수도 있다. 그것은 신체가 나쁜 음식들로부터 생긴 독소들을 제거할 때 일어나는 현상이다. 이러한 어려움은 우리가 간단히 일상의 식단을 바꾸고 건강한 식습관을 가짐으로써 감소시킬 수 있다. 금식으로 인한 또 다른 약함의 일반적인 증상은 약간의 어지러움이나 급히 일어날 때 머리가 몽롱해지는 것이다. 어떤 사람들은 속이 떨리고 흔들리는 것이나 감정이 동요되고 불안정한 것을 경험한다. 다리에 힘이 없고, 쥐는 힘이 약해지고, 조금 감각이 무디어지는 것들 또한 모두 정상적인 현상이다.

　우리들은 큰 소리나 촉감이나 우리 주변에서 일어나는 일에 대해서 무척 예민해지는 것을 경험할 수도 있다. 규칙적인 금식 생활의 첫 번째 몇 달 동안, 신체가 이러한 새로운 생활양식에 적응할 때까지, 소화불량이 생길 수도 있다. 결국은 우리의 식단을 변경함으로써, 이러한 어려움을 초래했던 음식의 종류들과 양을 줄이는 것을 배우게 될 것이다. 우리가 금식하지 않을 때 조차도 우리의 삶에 이러한 생활양식을 강화하는 목표를 성취하기 위해서 가능한 가장 강력한 방법으로 우리의 삶을 질서 있게 하는 것도 하나의 생활양식으로서의 금식의 한 부분이다.

두 번째 어려움 : 신진대사의 변화
Difficulty #2: Change of Metabolism

규칙적인 금식은 종종 신진대사의 변화를 가져온다. 우리의 신진대사는 먹지 않을 때 굶주림에 대한 방어 기구로써 그 속도가 느려지도록 설계되어 있다. 규칙적으로 금식하는 첫 수개월 동안 몸무게가 줄 수도 있지만, 우리의 신진대사가 결국 속도를 늦추기 때문에 어떤 사람들은 그들이 덜 먹는 데도 불구하고 몸무게가 늘어난다. 만약 우리가 몇 년 동안 강도있게 금식하다가 갑자기 멈추게 되면, 아마 즉각적으로 옛날처럼 먹을 수는 없을 것이다. 우리의 신진대사가 본래의 수준으로 속도가 증대되는 데 1년 혹은 2년이 걸릴 수 있기 때문이다.

세 번째 어려움 : 정신력의 약화
Difficulty #3: Mental Weakness

금식 생활에 있어서의 세 번째 도전은 정신적인 대가이다. 종종 정신이 맑지 못하고 몽롱할 때와 다른 사람들과 이야기할 때 때때로 멍하거나 단절된 것 같고 마음이 산란하다고 느낄 때 이러한 정신적인 대가를 인식하게 된다. 사람들의 이름 같은 것이나 해야 할 일을 잘 잊어버리게 된다. 우리가 바른 단어들을 찾기 위해서 애쓰며 의사소통하는 것은 때때로 더 힘이 든다. 이러한 정신력의 약화는 분명히 괴로운 것이며, 때때로 부끄럽기조차 할 것이다. 그러나 우리가 이러한 도전과 상응하는 유익 곧 하나님의 계시에 의해서 우리의 정신이 조명되는 것을 기억할 때, 그것을 위하여 우리가 이러한 어려움을 참아낼 가치가 있다는 것을 알게 될 것이다.

네 번째 어려움 : 감정적인 스트레스
Difficulty #4: Emotional Stress

금식 생활을 함에 있어서의 도전 가운데 하나는 감정적인 스트레스이다. 이러한 독특한 어려움은 한편으로는 우리의 감정들에 미치는 스트레스를 경험하지만, 다른 한편으로는 하나님 안에서 하나님을 위하여 부드러움을 접할 수 있다는 모순된 면이 있다. 금식하는 동안 쉽게 귀찮아지고 자극받는 것은 정상이다. 그것은 종종 소음, 접촉 그리고 행동에 대해 과민해진 신경 때문이다. 그렇다. 우리들이 하나님의 달콤한 임재를 느끼는 동안 외부적인 요인들에 괴로움을 느낄 수 있다. 우리는 조바심이 날 수도 있지만, 동시에 하나님의 말씀을 읽을 때 하나님에 대한 깊은 사랑의 감정을 경험할 수도 민감함으로 울 수도 있다. 금식하는 동안 힘겨운 기간을 느끼는 것은 정상이다. 그러나 가라앉은 상태에서조차도 예수님과의 친밀함을 경험할 수 있다.

금식은 우리의 본성적인 감정들 안에 있는 힘을 일시적으로 최소화한다. 본성적으로 우리는 감정적 약점들을 인격의 힘으로 감추거나 은폐하려고 한다. 우리 영혼 안에 있는 약점은 지구 표면 바로 아래에 있는 단층선들같이 숨겨질 수 있다. 우리는 두려움, 분노, 초조, 거절, 우울, 슬픔 등의 감정들을 은폐할 수 있다. 우리들은 음식의 가장자리를 자르는 칼을 이용하여 자신을 일시적으로 어떤 테두리 안에 두어 적절하게 행동할 수 있다.

그러나, 금식은 우리의 약점들을 억누르기 위하여 사용하는 본성적인 힘을 어느 정도 최소화시킨다. 우리의 고통을 마취시켰던 소품들이 치워지고, 벌거벗은 약점이 우리의 얼굴을 응시한다. 이러한 일이 일어날 때 자신이 마치 위선자 같이 느껴질 수 있지만, 사실 우리는 전보다 더 하나님 안에 더 깊이 있다. 우리가 감추었던 약점이 이제는 적나라하게 드러난다. 그것은 항상 거기에 있었다는 것을 하나님께서는 분명이 알고 계셨다. 이제 그것은 우리들에게도 분명하게 드러난다. 우리의 인격 속에 이러한 숨겨진 단점들이 있다는 사실이 드러남으로, 우리는 새로운 자유 속으로 걸어들어 갈 수 있는 기회를 갖게 된다. 이러한 단층선들을 하나님께 계속적으로 가져가는 것을 배울 때, 우리는 변화되며, 낮아지며, 약함의 자유 가운데 어떻게 걷는가를 배우게 된다.

다섯 번째 어려움 : 단기간의 효율성 상실
Difficulty #5: Loss of Effectiveness in the Short Term

우리가 자신을 금식 생활로 인도할 때 반드시 알고 있어야 할 또 다른 장애물은 일에 대한 약화된 의욕과 일을 마치려는 동기의 결여를 겪을 수 있다. 사람들이 지속적으로 금식할 때, 정신적 약함 때문에 집중할 수가 없고, 육체적 약함 때문에 열심히 일할 수도 없고, 일의 성취 욕구 결여 때문에 금식하지 않을 경우에 할 수 있는 것만큼 효율적으로 업무를 완수할 수 없다. 빈번한 금식에 수반되는 에너지와 집중력 결여로 인하여 우리들의 사역과 사업에 효율성이 떨어지는 것은 흔한 일이다. 다른 말로 하면, 금식하는 기간 동안에 사람 앞에서의 우리의 성공은 어느 정도 감소되는 것 같을 수 있다. 비록 단기간 동안의 이러한 실질적인 효율성 저하는 부담스러운 것이지만, 하나님과의 관계에 있어서는 강화된 의욕을 발견하게 된다.

건강에 문제가 없고 임신 상태가 아니라면, 누구나 건강에 아무런 부정적인 부작용 없이 일주일에 이틀은 금식할 수 있다. 그렇다. 공부나 일에 있어서 수행 능력은 조금 영향을 받을 수 있다. 우리는 단기간으로는 이룰 수 있는 것이 적어질 것이다. 그러나 하나님의 경제로는 갱신된 영적인 활력으로 훨씬 더 많이 일을 할 수 있을 것이라는 사실을 알고 있다. 장기적으로 볼 때, 우리의 약화된 생산 활동 가운데 풀리는 하나님의 은혜와 활약 때문에 우리의 효율성은 훨씬 더 극대화 된다.

서양의 사고방식은 하나님께서 하시는 것보다 생산성을 측정한다. 하나님 나라에 있어서는 우리가 한 것에 대한 주님의 축복을 기다릴 때 지체되는 요소가 가끔 있다. 위대한 성자들 중 어떤 이들은 그들의 사역이 비효율적인 것 같이 보였다. 예를 들면, 안나의 진정한 위대성은 그녀의 생애 동안에는 보여지지 않았지만, 메시야가 오시는 환경이 준비되는 것을 도왔다. 세례(침례) 요한은 단지 18개월의 눈에 보이는 사역을 위해서 18년의 세월을 금식하며 보냈지만, 하나님께서는 요한을 여자에게서 난 자 중에서 가장 큰 자라고 부르셨다. 베다니에서 사치스러운 헌신을 드린 마리아는 이 땅에서는 낭비를 한 것으로 여겨졌지만, 예수님께서는 그녀의 삶이 모든 사람들에게 기념으로 영원히 기억될 것이라고 선언하셨다.

여섯 번째 어려움 : 인간관계의 혼란과 사회적인 압력
Difficulty #6: Relational Disruptions and Social Pressures

우리들은 외톨이의 삶을 살고 있지 않다. 그러므로 우리가 금식 생활에 헌신할 때 그 영향은 개인적으로만 느껴지는 것이 아니라, 우리의 인간관계에도 영향을 미치고 심지어 어떤 인간관계에 있어서는 긴장을 야기할 수도 있다. 서양 문화의 가치관이 금식 생활 방식과 반대된다는 사실이 그 도전을 더 심각하게 한다. 이 때문에 결국에는 갈등이 일어나게 된다.

나는 사람들이 저에게 좀 더 많이 놀고 좀 더 적게 기도하며 그들이 하는 것처럼 "균형잡힌" 삶을 살라고 몰아붙이는 말을 많이 들어왔다. 사람들은 그들을 행복하게 하는 것으로 당신도 행복하게 되기를 원한다. 당신이 그와 다른 어떤 것들로 행복해할 때, 그들은 때때로 당신에 의해서 거부 당했다거나 혹은 판단 받는다고 느낀다. 사람들은 종종 소유물과 안락과 쾌락에 대해 그들과 동일한 욕망을 갖지 않는 사람들의 생활방식에 의해 자신들이 (가치없는 삶을 사는 사람들로; 역자 삽입) 판단 받는다고 느낀다. 그들은 당신이 하는 금식과 기도의 분량 때문에 당신이 그들과 분리되어 관계가 끊어졌다고 생각한다. 그들은 당신이 너무 멀리 떨어지는 것을 막기 위하여 당신에게 더 많은 사회생활과 여유시간이 필요하다고 끈질기게 설득한다. 군중들은 세례(침례) 요한을 귀신들렸다고 했다(마 11:18).

다윗의 친구들과 형제들이 그의 하나님을 향한 열심 때문에 그를 "관계가 끊어진" 사람으로 여겼다. 다윗은 이러한 비난을 감수하는 것은 하나님 때문이었다고 말했다. 이러한 갈등은 다윗이 그의 형제들에게 낯선 사람처럼 되는 정도에까지 이르렀다. 장로들과 지도자들은 그에 대해서 나쁘게 말했고, 술주정뱅이들은 그를 광신자라고 놀리며 노래를 불렀다. 다윗은 이 모든 것이 일어난 것은 하나님의 집을 위한 열심이 그를 삼켰기 때문이라고 말했다. 그가 금식으로 울며 그의 영혼을 단련할 때, 그런 그의 행동들이 다른 사람들에게는 그를 나무라고 비난하는 하나의 이유가 되었다(시 69:7-12).

금식은 우리의 영에 두려움을 없애준다. 그러나 이것이 인간관계에 문제를 야기할 수 있다. 두려움이 없고, 기름부음 받은, 상사병을 앓는 것 같은 예배자들은 승진이나 강등, 혹은 인간의 호감을 얻기 위해서 격심한 경쟁 속으로 뛰어드는 것에는 별로 관심이 없다. 이와 같은 확신이 있는 사람들은 그들이 사회적이거나 경제적인 어떤 선택을 하는 것이나 어떤 문제들에 대해서 담대히 말함으로 물의를 일으킬 수 있다. 금식생활을 하는 사람들은 영원한 것을 추구함으로 거짓 위안을 받는 것으로부터 자유한다. 그들의 담대함은 일시적인 것들을 기초로 삼고 삶을 영위하고 있는 사람들을 불쾌하게 하며 심지어는 분노하게 한다. 이것은 그들과 같은 삶을 살아가도록 우리의 삶의 방향을 돌리려고 하는 사람들과의 관계를 뒤흔들 수 있다. 사람들은 소유, 평안 그리고 즐거움에 대해 같은 갈망을 갖지 않는 사람들의 생활 방식으로 자신들이 판단 받는다고 느낀다.

사랑앓이는 종종 엘리트주의로 혹은 사회적으로 격리된 것으로 혹은 최고로 영적인 것을 추구하는 것으로 비난을 받는데, 그것은 그들이 금식생활을 하기 전과 같은 방식으로 사회생활 하는 것을 원치 않기 때문이다. 그들은 사회생활을 하지만, 예전에 그들이 했던 것과 같은 방식이 아니다. 그것이 중요한 차이이다. 참된 교제는 실제로 많은 그리스도인들이 살아가는 "사회생활" 방식에 의해서 방해받고 있다. 그 방식의 많은 부분들에는 하나님의 마음을 다른 사람들에게 전달해주는 실제적인 영적인 격려나 섬김이 결여된 엄청난 양의 시간 낭비가 포함되어 있다. 골로새서 4:6은 "너희 말을 항상 은혜 가운데서 소금으로 고르게 함같이 하라"고 한다. 에베소서 4:29은 "무릇 더러운 말은 너희 입 밖에도 내지 말고 오직 덕을 세우는데 소용되는 대로 선한 말을 하여 듣는 자들에게 은혜를 끼치게 하라"고 한다.

사람들은 그들의 사회생활을 교제라고 부를지 몰라도, 그것의 상당 부분은 단지 심심해서 주고받는 이야기, 헛된 수다, 그리고 상스러운 시시덕거림인데(엡 5:4), 시트콤 유머라고 부르는 것들로 부적절하게 채워져 있다. "음행과 온갖 더러운 것과 탐욕은 너희 중에서 그 이름이라도 부르지 말라 이는 성도의 마땅한 바니라 누추함과 어리석은 말이나 희롱의 말이 마땅치 아니하니 돌이켜 감사하는 말을 하라"(엡 5:3-4). 통상적으로 교제라고 불리고 있는 것이 참된 교제가 아니다. 참된 교제는 서로서로 하나님의 생명과 계시를 나누는 것이 있어야 한다(요일 1:1-5). 성경이 묘사하고 있는 방법으로 교제하기 위해서는 사람들이 거룩한 말과 함께 순수한 삶을 추구해야만 하며, 하나님의 말씀 안에서 활기찬 영을 가지는 것을 추구해야 한다.

우리들은 완전한 고립상태로 살아서도 안 되고, 영적으로 교만해져서도 안 되며, 금식하지 않는 다른 사람들을 판단해서도 안 된다. 그러나 우리는 하나님 말씀과 기도 안에 있는 많은 시간을 가져야만 한다. 하나님과 함께 하는 시간을 대체할 수 있는 것은 결코 아무것도 없다. 하나님과 함께 하는 시간을 중요하게 생각하지 않는 교회 문화 속에서 그렇게 사는 것은 어렵다. 이것을 어떻게 행하느냐 하는 것은 완전치 않은 것이다. 이것에 관해서 우리가 아직 배울 것이 많이 있지만, 사람을 두려워해서 이러한 생활양식을 갖는 것에 대한 갈등들로부터 물러서서는 안 된다. 기억하라. 우리는 인기 경쟁에 나가고 있는 것이 아니며, 거룩한 사랑 안에서 사는 것을 추구하고 있는 것이다. 이를 위해서는 하나님 안에서 활력있는 삶을 살아야 한다. 우리는 이생의 마지막 날에 우리를 이해하지 못하는 교회의 사교계 명사들에게가 아닌 주님께 보고할 것이다.

일곱 번째 어려움 : 마귀로부터의 공격이 증가됨
Difficulty #7: An Increase of Demonic Attack

우리가 이 장에서 생각할 금식 생활에서 겪는 마지막 어려움은 하나님의 충만한 은혜 속에서 살고자 하는 사람들에게 종종 마귀의 공격이 증가한다는 것이다. 성령님께서 그의 활동을 우리 속에서 증가시킴에 따라, 마귀도 우리에 대한 그의 공격이 커진다는 것이다. 대적은 특별히 하나님의 능력이 풀어지는 생활양식을 목표물로 삼는다.

이집트의 안토니는 교회 역사상 최초로 잘 알려진 수도사였다. 그는 20년 동안 격심한 금식과 기도로 주님을 섬겼다. 20년이 지난 후, 그의 나이 54세 때, 주님께서 강력한 표적과 기사를 행하도록 그를 사용하시기 시작했다. 이것은 그 후 60년 동안 그가 106세의 나이로 죽을 때까지 지속되었다. 그는 만약 그가 금식을 멈추지 않으면 육체적으로 고통을 주겠다고 위협하는 악령들과의 끔찍한 만남들을 경험했다.

특별히 강하게 금식하고 기도하는 사람들이, 그들을 위협하고 공포감을 주기 위해 출현한 악령들에 대한 경험을 이야기하는 것은 흔한 일이다. 이러한 공격을 받을 때, 우리는 마음이 맞는 신자들과의 관계를 계속 잘 유지하고 하나님의 말씀을 자주 읽어야 한다. 역설적인 진리는 금식은 더 많은 마귀의 공격을 부르나, 그것은 성령님께서 우리가 대적의 공격을 이겨내도록 우리를 돕는 한 방편이라는 사실이다. 이러한 시기에 우리는 흔들릴 필요가 없다. 우리 속에 계신 이가 세상에 있는 이보다 더 크시기 때문이다(요일 4:4).

우리가 금식과 기도의 삶으로 들어갈 때 우리가 경험할지도 모르는 잠재적인 어려움에 대해서 알고 있는 것은 현명한 일이다. 우리가 그것들을 인지하고 경고를 받음으로써, 금식이 가져다주는 유익들과 보상들을 최대한 누릴 수 있도록 자유하게 된다. 이러한 어려움들은 낙심케 하려고 의도된 것이 아니라 장려케 하려고 의도된 것이다. 예수님께서 말씀하셨듯이 그를 따르기 원하는 우리들은 먼저 그 대가를 셈하여야 한다(눅 14:28). 다음 장에서는 상사병에 걸린 전사들이 미리 준비하여 피하여야 할 일곱 가지 잠재적인 함정들에 대해서 다루겠다.

제10장 금식 생활에 있어서의 일곱가지 위험

Seven Dangers of the Fasted Lifestyle

　금식은 영광스러운 유익들을 가져다주지만, 대적 사단이 우리를 삼키려고 깊은 곳에서 잠복하고 있다. 그것은 마치 상어들이 득실대는 물에서 수영하는 것과 같을 수 있다. 우리들은 금식 생활의 몇 가지 어려움들을 살펴보았는데, 이제는 몇 가지 위험들에 대해서 살펴보자.

　금식은 우리의 삶에 대한 영향을 놓고 볼 때 중립적이지 않는다. 그것은 우리를 선한 것에 대해서 강하게 하거나 혹은 성경적인 지혜와 의의 길로부터 이탈하게 한다. 우리가 금식할 때 어떤 동기를 가지고 하든지,

우리 속의 무엇인가가 강하게 된다. 이것이 우리가 금식은 중립적이지 않다고 말하는 의미이다. 만약 우리의 동기가 사랑 안에서 자라는 것이라면, 그 때 그것이 우리 속에서 강하게 될 것이다. 다른 한편으로, 만약 우리의 동기들이 자기를 고양하는 것이라면, 그 때 우리가 금식함에 따라서 그 부정적인 것들로 강화될 것이다. 그래서 우리가 금식을 만만하게, 그 동기들에 대한 검사없이, 다루어서는 안 된다는 사실이 중요하다. 그렇지 않으면 우리들은 우리의 영적 생활에 유익보다는 더 해를 받는 위험에 처하게 될 것이다.

전심으로 추구하는 것은 그것과 관련된 잠재적인 위험을 내포하고 있다. 거기에는 속이는 마귀의 영과 만날 가능성, 고립주의, 가난의 영, 식사 장애, 종교적인 영(하나님과 함께 우리의 위치를 얻으려는)안에서 작용되는 율법주의, 부적절한 금욕주의, 그리고 영적 교만이라는 위험들이 있다는 것을 알고, 지혜를 사용하며 단순하거나 순진해서는 안 된다. 영적인 것에서 상식적으로 가장 위험한 것은 교만이다. 우리가 이러한 것들로 타락하는 것에서 안전할 수 있는 유일한 길은 백퍼센트 복종을 추구하는 것과 하나님의 말씀 안에서 많은 시간을 보내는 것이다. 성경은 우리의 모든 경험들을 판단하는 최종적인 권위이다.

첫 번째 위험 : 마귀의 속임과 거짓 교리들
Danger #1: Demonic Deceptions and Doctrines

"저런 사람들은 거짓 사도요 궤휼의 역군이니 자기를 그리스도의 사도로 가장하는 자들이니라 이것이 이상한 일이 아니라 사단도 자기를 광명의 천사로 가장하나니"(고후 11:13-14). 금식은 마치 다이너마이트와 같아서 선하게도 악하게도 사용될 수 있는 큰 능력을 가지고 있다. 이 행동이 좋은 목적으로 사용되든지 혹은 악한 목적으로 사용되든지 그 영혼에 대한 결과는 항상 강력하며 결코 중립적이지 않다. 이것은 극히 중요한 점인데 왜냐하면 우리가 그것을 깨닫지 못하고 있을 때 대적이 우리들을 어두움 가운데로 끌어들이려 하기 때문이다.

금식은 사람의 영을 영적인 영역에 민감하게 하는데, 그 영역은 진짜와 마술적 영역 둘 다를 포함한다. 많은 거짓 종교들과 마술 그룹들이 금식을 하도록 조장하는데, 그들은 금식이 능력을 풀리게 한다는 사실을 알기 때문이다. 그들은 종종 영의 영역에 보다 깊숙이 접근하기 위해서 그들의 육체를 부인하며 금식에 헌신하는 사람들에 의해 지도받고 있다. 지구상에 있는 주요 거짓 종교들 중에서 많은 수가 기도와 금식에 극단적인 세월들을 보낸 사람들에 의해서 시작되었다. 동양 종교의 사람들이 서양 교회의 사람들보다 종종 훨씬 더 많이 금식에 헌신하고 있다.

사단은 신실한 자들을 속이기 위한 시도로 하나님의 것들을 모방한다. 신자들조차도 그들을 장엄한 착각으로 이끄는 마귀의 환상들을 받을 수 있다. 금식을 늘려가는 그리스도인들은 그들을 혼란스럽게 하고 속이기 위하여 계획된 마귀적인 활동이 늘어가는 것을 경험할 수 있다. 사람들이 열심히 금식할 때, 사단은 잘못된 교의로 이끄는 초자연적인 경험들을 제공하는 것으로 그들을 공격할 수 있다. 이것은 드문 일도 예측할 수 없는 일도 아니다.

마귀의 기만은 예수님께서 오시기 직전에 전례 없는 수준으로 증대될 것이다. 바울은 마지막 때에 어떤 사람들은 마귀에 미혹되어 기독교 신앙으로부터 멀어질 것이라고 예언하였다. "그러나 성령이 밝히 말씀하시기를 후일에 어떤 사람들이 믿음에서 떠나 미혹케 하는 영과 귀신의 가르침을 좇으리라 하셨으니"(딤전 4:1).

우리들은 예수님을 사랑하여 장기적인 금식에 들어가지만 말씀 위에 든든한 기초가 없는 신실한 신자들에게 이러한 실제적인 위험을 경고하여야 한다. 그들은 자신에 대한 현혹적인 생각들로 미혹될 수 있다. 이것에 대한 한 예를 들자면, 수년 전에, 우리의 헌신된 중보기도자들 중의 한 사람이 장기 금식을 하기 위해서 숲속으로 피정(retreat)을 갔다. 그는 혼자 미국의 낙태를 중지시킬 수 있다는 확신을 가지고 돌아왔다. 그는 자신이 미국을 구하고 역사를 바꾸는 주된 인물이라는 숭고한 생각들을 가지게 되었다. 그는 수 년 동안 계속 기도 모임에 나갔지만, 그 때 이후로 자신을 고립시키고, 성경을 읽지 않고, 장기 금식에 빠져들었다. 몇 년 후, 그는 믿음에서 멀어져 갔다.

나는 장기금식을 마친 후에 자신을 엘리야라거나, 요한계시록에 기록된 두 증인 중 하나라거나, 혹은 적그리스도와 싸우도록 부름 받은 특별히 기름부음 받은 자라고 하는 사람들을 만났었다. 지혜롭지 못하고 부적절한 방법으로 금식에 다가가다가 미혹된 신실한 신자들의 이야기는 끝이 없다. 그들은 자신의 우월한 영성과 소명에 대한 그릇된 생각들을 믿는다. 이것은 특별히 역사상 지금의 시대에 명백하게 현존하는 위험이다.

이렇게 미혹된 사람들의 일반적인 경향은 열심히 금식하고, 자신을 다른 사람들로부터 격리시키고, 하나님의 말씀을 소홀히 한다는 것이다. 우리는 금식 기간 동안 특별한 경계를 하고, 예수님과의 친밀함에 계속 초점을 맞추기 위해서 각별한 노력을 기울이며, 그리스도의 몸과 진정한 관계 속에 연결되어, 하나님의 말씀에 몰입하며(평상시보다 두 배까지라도), 그리고 영적인 권위가 있는 사람들이 교정해 주는 것에 마음이 열려 있어야 한다.

만약 우리가 자신을 사람들로부터 고립시키며 하나님의 말씀을 읽는 것을 소홀히 한다면, 우리는 친밀함으로부터 초점을 잃고 자신의 위세를 드러내려는 것을 찾고있는 것인지도 모른다. 진정한 신랑금식의 열매는 점점 교만해지는 것과 다른 사람들로부터 점점 멀어지는 것이 아니라 더욱 겸손하고, 복종적이며, 부드러워지는 마음에 있다.

두 번째 위험 : 고립주의
Danger #2: Isolationism

금식의 흔한 위험들 중의 하나는 고립주의이다. 정기적으로 금식하는 사람들이 그리스도의 몸에서 고립될 때, 쉽게 길을 잃을 수 있다. 금식은 우리들을 잘못된 생각으로부터 보호하기 위하여 큰 겸손과 서로서로에 대한 경건한 의존성을 가지고 해야 한다. 하나님께서는 그의 나라를 세우실 때, 하나의 가족으로서 주님을 추구하게 하셨다. 우리 자신들을 볼 때 우리는 완전하지 않다. 우리는 그리스도의 몸으로서 함께 기능할 때에만 완전하다(골 2:10; 고전 12:12-25). 우리는 서로서로 연계될 때에 그리스도의 마음(고전 2:16)을 가지게 된다. 이것은 고립상태에서는 일어날 수 없고 일어나지 않는다. 바울이 "우리가" 함께 그리스도의 마음을 가지고 있다고 말한 것에 주의하라. 그는 "내가" 그것을 고립상태에서 가지고 있다고 말하지 않았다.

    금식과 기도 생활로 들어갈 때, 주 안의 형제들과 자매들에게 의식적으로 위탁하여야 한다. 고립주의는 다른 사람들에게 나누어진 하나님의 영광과 은혜를 무시한다. 그것은 섬김과 긍휼과 사회적인 것에 반대되는 것인데, 이것은 하나님의 마음과 반대 입장에 서는 것이다. 어떤 역사적인 금욕 운동들은 개인적인 더러움으로부터 자유케 되는 것에 초점을 맞추다가 고립주의의 오류에 빠졌다. 그들은 다른 사람들과 교류하는 것을 꺼렸으며, 그 이유는 그렇게 하면 잠재적인 더럽혀짐에 노출된다고 생각하였기 때문이었다.

    그러나, 성경이 우리를 금식 생활로 부르고 있는 까닭은 금식이 하나님을 사랑하고 이웃을 사랑하라는 두 가지 가장 큰 계명을 이루기에 제일 좋은 방법이기 때문이다. 예수님께서는 우리의 위대함은 서로서로 섬기는 것으로 측정된다고까지 말씀하셨다(마 20:26-28; 눅 22:26). 우리는 절대적으로 하나님과 홀로 만나는 시간을 가져야 하고, 또한 각자가 하나님과의 친밀함을 개인적으로 추구하는 것을 유지해야 하는 것은 사실이다. 그러나 다른 신자들에게 계속 도움을 구하는 것은 없어서는 안 될 중요한 요소이다. 우리는 이상한 고립상태로 은둔하는 것은 거부해야 한다.

세 번째 위험 : 가난의 영
Danger #3: A Spirit of Poverty

    금식 생활을 하면서 피해야 할 또 다른 함정은 우리가 단순한 삶을 추구하는 가운데 적으로부터 오는 가난의 영에 절대로 먹이가 되지 않도록 해야 한다는 것이다. 유복한 것은 주님께서 주시는 하나의 은혜임을 이해할 필요가 있다. 주님께서는 우리의 모든 필요를 공급할 것을 약속하셨다(신 8:18; 눅 6:38; 고후 8-9; 빌 4:19; 요삼 2). 우리는 축복 속에서 부자가 되기를 원하고 또 다른 사람들에게 주기를 원하기 때문에, 가난의 영에 저항해야 하고 하나님께서 재정을 늘려주실 것을 믿어야 한다(딤전 6:17-19). 그렇다. 우리는 크게 늘려주시는 것을 받을 것이다. 그리고 그렇다. 우리는 그것을 기꺼어 나눌 것이다. 왜 우리는 궁핍 속에서 기뻐해야 할까? 우리는 우리가 깊은 영성을 추구할 때 다른 사람들과 풍성히 나눌 수 있다는 것을 기뻐한다. 서양 교회에 있어서 가장 두드러진 문제들 중의 하나가 탐욕의 영인 것은 사실이다. 이 통상적인 잘못에 대한 해답은 가난의 영이 아니라 오히려 남들에게 터무니없는 방법으로 주는 관용의 영이다. 가난의 영의 심각한 위험들 중 하나는 이러한 잘못된 영을 갖기를 거절하는 다른 사람들을 판단하는 겸손 속에 숨어있는 교만이다.

네 번째 위험 : 식사 장애
Danger #4: Eating Disorder

금식과 관련되어 피해야 할 또 하나의 위험 대상은 식사 장애에서 오는 그릇된 동기로 금식하려는 유혹이다. 식사 장애는 심각한 문제인데, 오늘날 우리 문화 가운데 그리스도인들에게나 비그리스도인들에게 언제나 높은 비율로 존재한다. 순수한 동기들을 가지고 금식을 시작했다가 서서히 자신도 알지 못하는 사이에 그릇된 동기들로 옮겨갈 수 있다는 것을 기억하라. 그들은 금식하라는 성경적인 권면들을 따르고 있다는 생각에 힘을 얻지만, 그 결과는 그들이 식사 장애 속에서 계속되는 결심으로 힘을 얻고 있는 것이다.

식사 장애는 매우 위험하며, 어두움의 영역에 그 뿌리가 있다. 이것과 씨름을 해 본 사람은 누구나 금식이 심각한 덫이 될 수 있다는 것을 안다. 우리가 금식하는 것은 우리의 마음을 주님으로부터 더 많은 것을 받을 수 있는 자리에 놓기 위해서지, 우리의 외양을 보기 좋게 하기 위해서가 아니다. 우리의 정체성을 몸매가 날씬한 것에서 찾아서는 안 되며, 하나님에 의해 사랑받는 것에서 찾아야 한다. 나는 사람들에게 이것에 빠지기 쉬운 이들을 주의해서 돌보라고 격려한다. 사단은 가능한 모든 수단을 동원하여 사람의 생명을 죽이고, 훔치고, 파멸하려한다(요 10:10). 만약 사단이 탐닉으로 우리를 파괴할 수 없다면, 그는 우리가 잘못된 이유로 우리의 육체를 부인하게 하는 또 다른 극단의 방법으로 우리를 속이려고 할 것이다.

다섯 번째 위험 : 율법주의와 종교의 영
Danger #5: Legalism and the Religious Spirit

금식에 관련된 또 다른 흔한 위험은 율법주의의 덫에 걸리는 것이다. 율법주의는 다르게는 종교의 영이라 불리는데 헌신과 개인의 노력으로 하나님 앞에 설 수 있는 자리를 얻으려고 한다. 바리새인들이 율법주의의 영에 의해 이끌렸다. 그들은 하나님으로부터 무엇을 얻기 위해서 금식했다. 그들은 금식을 자랑했으며, 그들처럼 금식하지 않는 사람들을 판단했다. 율법주의의 영은 은혜의 영을 거스른다. 금식에 대한 우리의 동기는 모두 하나님의 사랑에 응답하는 것과 관련이 있어야 한다. 금식은 행위를 통해서 하나님 앞에 설 자리를 얻기 위하여 하는 것이 아니라, 오히려 하나님께서 거저 주시는 사랑에 대한 경험 속으로 더 깊숙이 들어가기 위하여 하는 것이다.

하나님께서 보여주시는 거저 주시는 놀라운 은혜에 대한 합당한 이유로 금식할 때가 최선이다. 무엇을 얻거나 무엇을 받을 만해서가 아니라, 오히려 우리를 사랑하시는 성령님과 조화롭게 살아가는 더 큰 역량을 가지기 위해서 금식한다. 하나님의 은혜에 든든한 뿌리를 내리지 못한 사람은 누구든지 더 격렬한 방법의 금식을 시작하기 전에 기다려야 한다. 그렇지 않으면, 금식할 때 그들 속에 율법주의가 강화될 것이다. 율법주의로 퇴보하지 않게 하는 금식의 토대는 하나님께서 우리를 기쁨 가운데, 심지어는 우리의 약함 가운데서도 받아들이신다는 것을 아는 지식이다.

바울은 갈라디아서에서 율법주의의 문제에 대하여 다루었다. 그는 성도들에게 종교의 영을 받아들이지 말라고 경고했다. "어리석도다 갈라디아 사람들아 예수 그리스도께서 십자가에 못 박히신 것이 너희 눈앞에 밝히 보이거늘 누가 너희를 꾀더냐 내가 너희에게 다만 이것을 알려 하노니 너희가 성령을 받은 것은 율법의 행위로냐 듣고 믿음으로냐 너희가 이같이 어리석으냐 성령으로 시작하였다가 이제는 육체로 마치겠느냐"(갈 3:1-3). 그는 계속해서 그리스도께서 우리를 해방하신 십자가 위에서의 영광스러운 사역의 자유 안에 견고히 서며, 율법주의라 불리는 종교적인 속박의 멍에를 메지 말라고 훈계하였다. 율법주의는 그리스도로부터 멀어지게 한다. 사람들이 자신들의 선행과 헌신에 기초하여 하나님 앞에 서려 한다면 은혜에서 멀어질 것이기 때문이다(갈 5:1-8).

우리가 율법의 영이나 종교의 영에 사로잡혀 있는지 아닌지를 어떻게 알 수 있을까? 우리 스스로에게 몇 가지 질문을 해 보자. 우리가 금식하고 있기 때문에 하나님 앞에 더 당당하며 더 큰 확신을 가지고 예배하는 것을 느끼는가? 우리가 금식하고 있지 않을 때, 부끄러움으로 움츠러드는 경향이 있는가? 만약 그렇다면, 우리가 우리를 향하신 하나님의 헌신이 아닌 자신의 금식이나 하나님께 대한 자신의 헌신에 근거를 두고 있다는 것을 알게 된다. 이것은 속이는 덫이며, 우리를 정죄나 교만의 두 가지 막다른 길로 이끌어간다.

만약 이러한 기만에 빠진 사람들은 금식하지 않을 때, 하나님께서 실망하신다는 생각에 결국에는 자신을 정죄하게 된다. 그들이 금식할 때에는, 그들의 금욕 때문에 이제 하나님께서 기뻐하신다는 상상을 하며 영적 교만에 빠져든다. 우리가 금식하지 않을 때 우리들을 정죄하는 자기혐오의 종교의 영은 우리가 금식과 기도를 꾸준히 할 때 우리를 자랑하게 하는 영과 같은 영인데, 둘 다 그 뿌리는 영적 교만에 있다. 사랑하는 자들이여, 우리가 금식하기 때문에 우리를 향한 하나님의 사랑이 더 클 것이라고 결코 생각해서는 안 된다. 하나님이 우리를 좋아하게 만들려고 금식하는 것이 아니며, 하나님이 이미 우리를 좋아하시기 때문에 금식하는 것이다. 하나님 앞에서의 우리의 자신감은 십자가에서 이루신 예수님의 사역(고후 5:17-21; 빌 3:4-9)과 우리를 위한 하나님의 사랑이라는 진리에 그 토대가 있어야 한다.

만약 우리가 우리의 기도와 금식 때문에 하나님께 더 사랑받게 되었다고 생각한다면, 우리는 죽은 종교로 가는 길에 있는 것이다. 바울은 초대 교회 교인들에게 자기부인에 따라오는 영적 기만과 교만에 대해 경고하였다. 골로새 도시에 사는 어떤 이들은 하나님 앞에서의 그들의 자신감을 자신들의 종교적인 엄격함에 두었다. 그들은 "붙잡지도 말고 맛보지도 말고 만지지도 말라"(골 2:21)는 규칙들을 지켰다. 바울은 "너희가 세상의 초등 학문에서 그리스도와 함께 죽었거든 어찌하여 세상에 사는 것과 같이 의문에 순종하느냐"라고 핵심적으로 말했다. 그는 골로새서 2:23에 다음과 같이 기록했다: " 이런 것들은 자의적 숭배와 겸손과 몸을 괴롭게 하는데 지혜 있는 모양이나 오직 육체 좇는 것을 금하는 데는 유익이 조금도 없느니라." 그는 그들의 거짓 겸손과 자기 높임을 드러내었다. 우리는 자신을 부인하는 행동 속에 있는 우리 스스로를 높이고자 하는 마음을 경계해야 한다. 이것은 심각한 함정이다.

모든 하나님의 자녀들은 그 주간 동안 금식을 했는지와는 상관없이 자유롭게 하나님과의 즐거운 교제 속으로 들어갈 수 있다. 자상하신 신랑이 우리를 귀하게 여기신다는 것을 아는 지식이 주님께 완전히 복종하려는 우리의 욕구에 불을 붙인다. 그들이 그럴 것이라 생각하는 노하신 하나님 앞에서 금식하는 사람들은 심판주에게 승인받지 못할까봐 필사적으로 금식을 해치운다. 만약 우리가 이런 식으로 하나님을 본다면, 대부분의 경우에 우리는 스스로를 정죄하는 것으로 끝을 내며, 금식을 하면서 느끼는 하나님의 사랑과 자상하심을 놓치고 말 것이다. 신랑과 함께 할 때의 기쁨이 있을 때만이 우리의 금식이 안전하고 우리들을 가장 교화하는 것이 된다.

종교의 영은 하나님과 이웃을 향한 우리의 감사나 사랑을 불러오지 않는다. 오히려 그것은 다른 사람들과 비교하게 만들며, 자신이 더 큰 일을 수행했다고 뽐내게 한다. 그것은 "영적인 것"과 "비 영적인 것"을 나누는 거짓된 선을 긋고, 그것 때문에 불화와 분열이 조장된다. 만약 우리가 사랑 때문에 금식한다면, 거기에는 자랑이나 비교함이 있을 수 없다. 거기에는 오직 하나님을 사랑하며 하나님으로부터 사랑을 받고 싶어 하고, 이러한 하나님의 사랑에 대한 놀라운 경험 속으로 다른 사람들을 인도하고 싶은 열망만이 존재할 뿐이다.

여섯 번째 위험 : 부적절한 금욕주의나 자기부인
Danger #6: Inappropriate Asceticism or Self-Denial

우리는 금식의 두 큼직한 대적들을 주의해야 하는데, 그것들은 육체적인 자기탐닉의 파괴성과 종교적인 자기부인의 파괴성이다. 비록 자기탐닉 안에는 금욕보다 더 많은 위험들이 있지만, 금식의 위험들은 우리의 초점이 사랑의 하나님 즉 불타오르는 애정의 하나님께 있지 않을 때 찾아온다. 신랑을 위한 금식은 우리를 육체 안에서가 아닌 하나님의 불타는 사랑의 마음 안에서 자신감을 갖게 인도한다. 그것은 경건치 못한 자기부인으로부터의 본질적인 해방 속으로 우리를 인도한다.

예수님께서는 하나님의 은혜 안에서 그를 따를 때 우리의 십자가를 지고 자신을 부인하라고 우리를 부르고 계신다(마 16:24-25). 그릇된 금욕주의는 하나님의 자비와 선하심 대신에 자신의 종교적인 고통 속에서 자신감을 갖도록 사람들을 인도한다. 우리의 대적은 이러한 순종의 영광스러운 길을 왜곡시키려 하고, 그것을 중요하게 생각하는 사람은 누구라도 성경이 규정하지 않는 극단들로 그들을 속여서 탈선하게 하려고 한다.

중세 암흑시대의 어떤 수도원들은 이상한 종류의 금욕주의로 들어갔는데, 스스로를 채찍으로 때리는 것과 고통스러운 옷을 입거나 물체들을 걸치는 것이었다. 바울은 독신주의를 의무화하고 음식에 대한 금지를 강요하는 잘못된 금욕주의자에 대해서 말하고 있다.

교회 역사를 통하여 볼 때, 사람들은 그들 스스로를 성적 부도덕과 육체의 탐닉에 빠지지 않게 하려는 노력으로 자기부인의 비꼬인 제도들을 시도해 왔다. 이러한 극단들은 하나님과 어떻게 그의 은혜가 작용되는지에 대한 그릇된 가정들에 뿌리를 두고 있다. 그것들은 성경적이지 않으며, 예수님의 마음을 만나도록 이끌지 못할 것이다. 우리의 마음을 거룩함에 머물게 하는 것은 하나님의 사랑과 아름다움의 계시이다. 우리들은 하늘 처소에서 그리스도와 함께 앉혀져 있다(엡 2:6). 그러므로 우리는 하나님의 임재에, 그의 장엄한 아름다움에까지, 들어갈 자격을 가지고 있다. 금식은 은혜 안에서 자신감을 가지는 것이다. 그것은 종교적인 어떤 일들을 표시해가며 해치우는 것이나, 어떻게 극단적으로 "영적"일 수 있느냐에 대한 것이 아니다. 우리의 마음을 굳게 하고 힘있게 하는 것은 우리 자신의 육체의 힘이 아닌 하나님의 사랑의 힘이다(아 8:6).

일곱 번째 위험 : 영적 교만
Danger #7: Spiritual Pride

금식 생활에 있어서 으뜸가는 함정은 영적 교만에 대한 강력한 유혹이다. 음식과 쾌락을 금하는 것은 우리의 교만을 엄청나게 부추긴다. 이러한 교만은 금식 생활의 가장 흔한 위험이며, 참된 영성에 치명적이다. 기도와 금식을 함께 하면서 하나님께 자신들을 던지기로 한 사람들의 집단보다 더 강력한 것은 없다. 그러나 그러한 공동체는 교만과 판단주의 그리고 거기에 상응하는 강하고 끊임없는 유혹을 받는다.

금식 생활로의 부름은 우리의 삶 가운데서 엘리트의식(우월감에 대한 감춰진 느낌)을 드러내는 최고의 기회가 된다. 자긍심에 가득 찬 엘리트 의식과 영적인 성취에 대한 자기경하는 영적 교만의 가장 흔한 표현들 가운데 하나이다. IHOP-KC에서는 모든 사람들이 공동 금식의 때에 사람들이 무엇을 하는가에 대한 세부적인 것들에 관해서는, "묻지 않고 말하지 않는다"는 공동금식 원칙에 따를 것을 요구한다. 금식의 때 남들보다 우월감을 느끼기 쉽다. 예수님께서 "금식할 때에 너희는 외식하는 자들과 같이 슬픈 기색을 내지 말라 저희는 금식하는 것을 사람에게 보이려고 얼굴을 흉하게 하느니라"(마 6:16)고 말씀하실 때 바로 이것을 우리에게 경고하셨다.

영적 교만은 무엇과 같을까? 우리는 자신이 하나님께 특별히 헌신되고 가까운 사람으로 인식되기를 갈망한다는 것을 안다. 우리는 금식하는 사람으로 인정받는 것을 좋아한다. 금식에 "붙잡혀" 있을 때 우리는 희열을 느낀다. 다른 사람들을 우리가 하는 만큼 금식하지 않는다고 혐오스러워 한다. 우리는 금식하지 않는 사람들을 향해서 우월감이나 정죄감을 갖는다. 나는 내가 자주 이 영적 교만의 길을 걸어 왔었기 때문에 이것에 관해서 알고 있다. 내 마음속에 있는 교만이 어렴풋이 보일 때마다 그것이 나를 슬프게 했다. 본성적으로, 비록 금식이 영성의 깊이에 대해서 과장

하거나 거짓 인상을 주지 않아야 하는 것을 우리에게 요구할지라도, 우리는 남들보다 하나님과 더 가깝게 보이려고 필사적이다. 우리는 다른 사람들이 실지로 그런 것보다 더 우리에 대해서 믿어주기를 원한다. 비록 우리가 영적 교만에 대한 이 모든 현상들을 듣고서 그것들이 우리에게 적용되지 않는다고 바로 결정할 수 있다하여도, 우리는 교만이 얼마나 포착하기 어려운 것인지를 기억해야하며 우리의 동기와 마음에 그 잔재가 남아있지 않은지를 늘 주의 깊게 살펴야 한다. 이것은 우리가 이해하는 것보다 더 개인적일 수 있다. 이것이 신실한 사람들에게 있는 주된 싸움이다.

영적 교만의 또 다른 얼굴은 사람을 판단하는데 있어서 거룩하지 않은 자신감을 갖는 것이다. 금식은 종교적인 거만을 향하여 활짝 열린 문을 제공한다. 교만에 대한 의도적인 저항이 없으면, 우리는 알지 못하게 다른 사람들을 판단하기 시작할 것이다. 이러한 관점에서 바울은 다음과 같이 역설했다: "그런즉 우리가 다시는 서로 판단하지 말고 도리어 부딪힐 것이나 거칠 것으로 형제 앞에 두지 아니할 것을 주의하라"(롬 14:13).

때때로 격렬한 기도와 금식을 하는 사람들이 가장 화를 잘 내고 판단하는 사람들이 된다. 누가 메시야를 죽였는가? 일주일에 두 번씩 금식하던 바리새인들이었다(눅 18:12). 그들은 자신의 종교적인 현혹과 교만으로 다른 사람들을 판단하는 것에 담대했다. 주님께서는 우리가 다른 사람들을 경멸감을 가지고 깔보는 대신에, 지속적인 금식 생활을 유지할 수 있게 도우시는 은혜에 감사하며 성장하기를 원하신다. 예수님께서 성전에 기도하러 간 두 사람에 대해 비유의 말씀을 하셨다. 한 사람은 바리새인이었고 다른 한 사람은 세리였다. 바리새인은 그가 일주일에 두 번 금식하고 모든 소유물의 십일조를 바치는 것을 유념하면서 다른 사람과 같지 않은 것을 감사하였다. 그러나 세리는 "하나님이여 불쌍히 여기옵소서 나는 죄인이로소이다"라며 울부짖었다. 예수님이 의롭다고 인정한 사람은 세리였지 바리세인이 아니었다(눅 18:10-14).

예수님께서 그를 따르는 무리들에게 누가복음 18:1-8의 밤낮으로 하는 기도를 하라고 하셨다. "하물며 하나님께서 그 밤낮 부르짖는 택하신 자들의 원한을 풀어 주지 아니하시겠느냐"(눅 18:7). 23살이었을 때, 주님께서 나를 중보기도의 삶으로 부르시기 위하여 이 구절을 사용하셨다. 나는 중보기도에 전혀 시간을 쓰지 않던 삶에서 그것에 많은 시간을 보내는 삶으로 나아갔다. 그러나 일 년이 못되어 영적인 비극이 나의 기도생활에 타격을 주었다. 만약 내가 누가복음 18장 다음 장을 이해했었더라면 그것을 피할 수 있었을 것이다. 그 장에서 예수님께서는 바리새인들이 그들의 정기적인 기도와 금식에 대해 가지고 있었던 교만에 대해서 경고하셨다(눅 18:9-14). 나는 그 경고를 너무 늦게 알았다.

내가 기도의 삶을 사는 것을 구하기 시작했을 때, 그것을 유지하기 위해서는 매우 큰 하나님의 은혜가 필요하다는 것을 깨닫지 못했다. 나는 당시에 내가 살고 있던 세인트루이스의 부흥을 위해서 나만큼 기도하지 않는 다른 사람들을 혐오했으며, 나의 분노에 대해서 소리를 높였다. 그 때 주님께서 나의 삶에 있던 기도를 위한 은혜를 걷어가셨다. 그 때 나는 매우 어려운 지경에 있었다. 하루에 수 시간씩 기도 모임을 인도하는 것에 헌신하였다고 공공연하게 광고하는 영적으로 교만한 24살의 젊은이였다. 내 마음속에 아무런 은혜 없이 그 모임을 인도하는 것은 끔찍한 것이었다.

나는 내 자신의 기도 모임에 가는 것을 아주 싫어했지만, 자존심 때문에 참석하는 것을 멈출 수가 없었다. 나는 사람들을 장시간의 기도로 초청하는 일련의 쇼를 하였다. 나는 그 시간의 순간순간이 싫었지만 계속 해나갔다. 나는 중압감을 느꼈다. 금식할 때, 먹지 않고서는 정오를 넘길 수 없었다. 결국, 주님께서는 내가 성령님을 너무 근심시켜서, 다른 사람들에 대한 나의 영적 교만을 자백하고 내 자신을 낮추지 않는 한, 성령님이 기도로 도울 수 없게 되었다는 것을 알게 해 주셨다. 나는 마지못해서 그렇게 하였다. 그 때가 비록 내 생애에 있어 끔찍한 시간이었지만, 그 후에 기도를 위한 은혜가 돌아왔다.

그 때 이후로 나는 기도하기 위해서 필요한 도움의 정도에 대해서 더 잘 알게 되었다. 나는 여전히 때때로 이러한 관점을 잃어버리지만, 하나님께서 자비를 베푸셔서 나를 회개의 자리로 계속 불러주신다. 나는 기도와 금식의 은혜를 받지 못한 사람들에게 분노하는 대신에 수 년 동안 기도와 금식을 할 수 있도록 붙들어 주시고 도와주신 것에 대해서 하나님께 감사하고 있다. 이제는 금식과 기도에 대한 바로 그 욕망이 은혜의 역사이며 우리 자신의 개인적인 우월한 헌신에서 온 것이 아님을 알고 있다.

하나님께서 금식을 하면서 하는 기도의 중요성을 계시해주시고 또 그것을 유지할 수 있는 은혜를 주실 때에, 유일한 응답은 "주님, 이 영광스러운 선물로 인하여 감사합니다."라고 말하는 것이다. 은혜에 대한 감사가 우리 마음속에서 일어날 때, 교만이라는 용을 어느 정도 저지할 수 있다. 이러한 삶의 태도를 가진 사람들에게 나는 대개 그 이유가 그들이 예수님의 더 나은 제자이어서가 아니라 오히려 예수님이 뛰어난 지도자이기 때문이라고 말한다. 우리가 좋은 학생이어서가 아니라 예수님이 훌륭한 선생님이기 때문이다. 그 모든 것을 잘 들을 수 있는 것은 우리의 능력이 아니라, 항상 우리의 주의를 끄는 방식으로 의사소통하시는 예수님의 능력이다.

  자신을 겸비케 하고 어떤 역량으로든 하나님께 순종할 수 있는 유일한 이유로 하나님의 은혜라는 계시를 수긍할 때, 우리는 금식 생활을 훼방하는 마귀의 궤계들을 저지할 좋은 위치에 있게 된다. 예수님을 사랑하고 금식 생활로 들어가기를 원하는 신실한 신자들은 하나님의 은혜에 대해서 말하는 하나님의 말씀에 튼튼한 기초를 쌓아야 한다. 금식하는 기간 동안, 우리는 예수님과의 친밀한 관계에 계속 초점을 맞추고 있어야 하며, 진정한 관계 속에서 그리스도의 몸에 계속 연결되어 있어야 하고, 평소보다 두 배 가까이 하나님의 말씀 속에 머물러 있어야 하며, 영적 권위를 가진 사람들이 해주는 교정을 쉽게 받아들이는 겸손한 영을 계속 유지해야 한다. 그러면 우리는 금식 생활의 일곱 가지 위험들을 피하고, 우리의 삶 속에 하나님께서 주시기 원하시는 풍성한 유익과 보상 속으로 나아갈 것이다.

제11장 세계적인 위기에 어떻게 대응할 것인가
How to Respond to Global Crisis

기도의 역동성
The Dynamics of Prayer

하나님께서는 인류에게 자유의지를 주심으로써 위대한 존엄성을 주셨다. 그것은 우리가 일시적인 결과들과 영속적인 결과들을 초래하는 실제적인 결정들을 할 수 있는 능력을 받았다는 의미이다. 만약 선택의 숭고함이 의롭게 행사된다면, 영광스러운 것이 되겠지만, 만약 죄와 반역에 휩쓸린다면 그것은 위험한 것이 될 수 있다. 하나님의 말씀이 요구하는 응답을 냉정히 인식하는 것에 실패하면 기회를 낭비하는 인생을 살게 될 것이다.

그러나 성경의 교훈들에 순종하는 생활양식의 지혜는 이 시대의 우리의 삶에 극적인 영향을 미칠 것이며, 앞으로 올 시대에 영원히 보상받을 것이다. 우리가 이생에서 할 수 있는 가장 지혜로운 선택들 중 하나는 기도하는 것이다. 기도는 많은 덕스러운 형태로 표현될 수 있는데, 조용하고 경건한 묵상으로부터 부흥을 위한 공동으로 하는 중보기도까지이다. 이중에서, 우리는 중보기도의 기능에 초점을 맞추겠다.

시편 2편은 성부 하나님과 성자 예수님 사이의 관계에 대한 놀라운 단면을 보여주고 있는데, 우리가 추측할 수 없었던 기도의 심각성을 알게 해준다. 8절에서, 성부 하나님께서 성자 예수님께 "내게 구하라 내가 열방을 유업으로 주리니 네 소유가 땅끝까지 이르리로다"라고 말씀하고 계신다. 하나님의 신격의 신비를 주의해서 살펴볼 때, 삼위일체의 제2격이신 인자 예수님은 중보기도를 통해 그분의 통치를 나타내고 계신다. 그의 지상 생애 동안에, 예수님은 종종 기도하기 위하여 한적한 곳으로 가셨다(막 1:35; 눅 5:16). 예수님께서는 하룻밤 동안 기도하신 후에 제자들을 선택하셨고(눅 6:12), 그의 십자가행 직전의 수 시간을 그의 제자들을 위하여 하나님께 울부짖었다(요 17장). 기도에 있어서의 예수님의 역할은 그의 초림의 한계를 훨씬 뛰어넘는 범위까지 확장되어 있었다. 지금 예수님은 하나님 우편에 앉아 계시며, 살아서 중보기도하고 계신다(롬 8:34; 히 7:25). 그가 재림하여 시온으로부터 온 땅을 다스리실 때, 그의 통치 방식은 열방을 위한 기도의 집으로서의 기능을 가질 것이다(사 56:7).

이것은 성경을 통하여 정밀하게 엮어져 있는 장엄한 진리, 곧 기도가 예수님을 위하여 하나님 아버지께서 그의 능력을 베풀고 그의 영원한 나라를 선도하는 주된 방법이라는 사실을 이야기한 것이다. 우리가 기도할 때, 그의 신부로서 영원한 중보기도자이신 그와 함께 동역하는 자리로 들어간다. 그리스도께서 겟세마네 동산에서 그와 함께 깨어있을 친구들을 찾았던 것처럼(막 14:32-38), 그는 영원히 그의 사람들을 기도의 친밀함과 권위 속으로 초대하고 있다.

이러한 초청을 받아들일 것인지 아니면 거절할 것인지에 대한 우리의 결정은 중요한 결과를 만든다. 사람들이 혹은 귀신들이 무엇을 하는지에 상관없이, 하나님께서는 그가 미래를 위해서 결정하신 계획의 주요 사건들-예를 들면, 예수님의 재림, 그의 왕으로서의 지상 통치, 불못에 던져질 사단 등-을 성취하실 것이다. 그러나 하나님께서는 우리에게 기도와 금식과 순종으로 그에게 응답하는 것을 통하여 자연적으로나 영적으로 경험하는 "삶의 질"을 결정하는 역동적인 역할을 주셨다. 그는 우리의 기도에 대한 응답으로 축복의 문을 여시고 억압의 문을 닫으신다. 그의 백성들이 기도의 친밀한 파트너십 속에서 구할 때에만 베푸시는 축복들이 있다. 기도와 금식의 결과로만 떠나가는 귀신의 억압들이 있다(마 17:21). 이사야는 하나님께서 그의 은혜와 능력을 베푸시기를 원하시지만, 실제로는 그의 백성들이 중보기도로 부르짖는 것을 들을 때까지 기다리신다고 가르쳤다. "그러나 여호와께서 기다리시나니 이는 너희에게 은혜를 베풀려 하심이요 일어나시리니 이는 저희를 긍휼히 여기려 하심이라 ... 그가 너의 부르짖는 소리를 인하여 네게 은혜를 베푸시되 들으실 때에 네게 응답하시리라"(사 30:18-19).

연합중보예배
Corporate Intercessory Worship

기도의 모든 양식은 중요하다. 그러나 구원받은 자가 즐길 수 있는 권위의 최고의 표현은 연합중보예배 안에 있다. 이러한 세 가지 요소 하나하나와 왜 그것들이 중요한지를 이해하는 것이 중요하다.

연합
Corporate

연합으로 모이는 것에 함축되어 있는 모든 것을 받아들이기 위해서는 겸손이 요구된다. 만약 우리가 정기적인 방식으로 함께 모여야 한다면, 예배와 기도 방식, 교리적인 강조점, 그리고 우리 개성의 차이점들을 다루는데 있어서 겸손은 필수이다. 겸손으로 우리 마음속에 생기는 온유함은 성령님께서 활동하실 수 있는 분위기를 조성하는데 이바지한다. 사도행전은 성령의 큰 능력이 나타날 때와 연계하여 기도로 연합된 사도적인 신자들의 모임을 거듭해서 묘사하고 있다(행 1:14; 2:1; 4:24; 5:12). 이러한 진리를 전하는 많은 다른 성경구절들이 있다. 예를 들면, 다윗이 "형제가 연합하여 동거함이 어찌 그리 선하고 아름다운고 ... 거기서 여호와께서 복을 명하셨나니 곧 영생이로다"(시 133:1, 3). 또 다른 예로, 사도행전 1:14은 "여자들과 예수의 모친 마리아와 예수의 아우들로 더불어 마음을 같이하여 전혀 기도에 힘쓰니라"

성부 하나님은 그의 권속들에게만 그의 충만함을 베푸신다. 우리는 각 개인이 헌신한 정도까지만 하나님께 나아갈 수 있으며, 우리가 함께 나아가기 전에는 미치지 못할 성령 안에서의 최고의 은혜가 있다. 하나님께서 한 도시나 국가에 주시고자 하는 축복의 최고 수준에 도달하기 위해서는 상당한 기간 동안의 공동으로 하는 연합된 반응이 요구된다. 더구나 우리 속에 있는 불은 우리가 홀로 있을 때 꺼져버릴 수 있다. 우리들은 비슷한 열정과 비전을 가진 사람들과 함께 뭉쳐있을 때 강하다.

중보
Intercessory

중보기도는 다른 사람들을 위하여 하나님께 부르짖는 것이며, 국가들의 진로에 영향을 미친다. 에스겔은 하나님께서 하나님 자신과 이스라엘 사이의 갈라진 틈에 서 있을 한 사람 즉 하나님의 심판을 거두게 할 수 있는 방법으로 기도하는 사람을 열망하고 계시다고 말했다. 아무 중보기도자도 찾을 수 없자, 주님께서는 그 땅을 파괴하셨다. "이 땅을 위하여 성을 쌓으며 성 무너진 데를 막아서서 나로 멸하지 못하게 할 사람을 내가 그 가운데서 찾다가 얻지 못한 고로"(겔 22:30). 우리는 다른 사람들이나, 교회를 위해서나, 전 도시들과 국가들을 위해서나, 혹은 주님을 아직 모르는 개인들을 위해서 그 갈라진 틈 사이에 서 있다.

하나님을 향한 우리의 헌신을 표현하기 위해서 단지 기도하는 것만으로는 충분하지 않다. 하나님과 기도 가운데 교제하는 것을 사랑하는 많은 이들이 교회가 중보함으로 갖는 권위에 대한 계시를 가지고 있지 못하다. 하나님께서 이스라엘에게 죄 때문에 진노하실 때, 모세는 기도로 이스라엘과 하나님의 갈라진 틈 가운데 서셨다. 실제로 하나님께서 마음을 누그러뜨려 바꾸시므로 그 나라를 멸하지 않으셨다. 모세의 중보기도는 결국 하나님의 심판 대신 그의 자비를 드러내게 하였다(출 32:9-14).

예배
Worship

마지막으로, 연합 중보기도가 예언적인 음악과 노래들이 있는 환경에서 진행될 때, 그것은 하나님의 사람들을 독특한 방식으로 연합시키고 지지하며 영감을 불어넣는다. 기도가 기름부음이 있는 예배와 함께 진행될 때, 더 많은 사람들이 더 깊은 수준 안으로 더 오랫동안 들어갈 수 있다. 요한계시록 5:8에 보면, 보좌 주변에 모인 장로들이 거문고-이것은 예배를 대표함-와 대접-이것은 성도들의 기도를 대표함-을 들고 있다. 예배와 중보기도에 합류하는 것은 천국에서의 영원한 삶의 방식대로 하고 있는 것이다.

연합 중보예배의 능력을 붙잡는 것의 중요성은 우리 시대에 극적으로 강조되고 있다. 그 이유는 지구가 전례 없는 참화와 회복의 낭떠러지에 서 있기 때문이다. 영광과 심판의 폭풍우가 지평선에 어렴풋이 나타나고 있으며, 우리는 열방 가운데 사는 모든 사람에게 덫과 같이 임할 그 날에 적절하게 대응하는 분별력을 가져야 한다(눅 21:35). 위기에 처한 나라에 대한 하나님의 주된 부르심은 하나님의 능력을 베풀어 주실 것을 구하면서, 기도와 예배와 금식과 우리의 죄들을 회개하기 위해 함께 모이라는 것이다. 그러나 하나님께서 우리에게 바라고 계신 반응을 더욱 면밀히 살펴보기 전에, 임박한 전 세계에 걸친 격변의 자연 현상을 더 잘 이해해야 한다.

전 세계적인 위기에 대한 이해
Understanding Global Crisis

요엘 2:11은 "여호와의 날이 크고 심히 두렵도다 당할 자가 누구이랴"고 말한다. 마태복음 24:21은 "이는 그 때에 큰 환난이 있겠음이라 창세로부터 지금까지 이런 환난이 없었고 후에도 없으리라"고 말하고 있다.

예수님께서 유사 이래로 다른 때와 다르게 환란을 겪을 세대에 관해서 말씀하셨다. 아브라함과 모세보다 훨씬 이전에 살았던 에녹 때부터, 하나님께서 이 미래에 대한 계시를 주시기 시작하셨다(유 14-15). 시편으로부터 대소선지서들 그리고 요한계시록을 포함한 신약성경에 이르기까지 역사상 이 때에 대한 정보가 다른 어떤 때에 관한 것보다 많다. 그러나 오늘날 많은 그리스도의 몸이 하나님께서 이 시대에 대해서 펼쳐주신 진리들에 관하여 잘 알지 못하고 있다. 대부분의 신자들은 그 때가 결코 오지 않을 것처럼 살고 있다.

재림 때까지 이어지는 이 기간 동안에 관한 성경의 내용을 상세히 다루는 것은 이 장의 범주를 벗어나지만, 지구상에 광범위한 위기를 가져오는 네 가지 구체적인 근본원인들을 식별하는 것은 도움이 된다. 그것들은 그분의 일시적인 심판들을 통해서 표현된 바와 같은 의에 대한 하나님의 열심, 사단의 분노, 인간의 죄와 피조세계의 탄식이다. 이러한 요소들은 하나님의 주권과 지혜 아래 함께 역사한다.

하나님의 열심
God's Zeal

하나님의 심판은 그분의 백성의 정결함을 위한 하나님의 열심이 동기가 된다. 교회는 사단의 역할과 심지어 인간의 죄의 역할에 관해서 말할 때는 재빠르지만, 위기를 만드시는 하나님에 대해서는 주저하며 불확실해 한다. 하나님의 역할은 그의 대적인 죄의 모든 활동에 반대된다. 선택 받은 나라인 이스라엘조차도 죄악 된 삶을 살다가 하나님의 대적이 되었다: "그들이 반역하여 주의 성신을 근심케 하였으므로 그가 돌이켜 그들의 대적이 되사 친히 그들을 치셨더니"(사 63:10). 어두움과 함께 하는 것은 그것이 예수님을 아는 이들이 자행 할 때조차도 이스라엘의 거룩하신 자와 대적의 관계로 귀결된다. 야고보서 4:4은 이 점을 분명히 하고 있다. "간음하는 여자들이여 세상과 벗된 것이 하나님의 원수임을 알지 못하느뇨 그런즉 누구든지 세상과 벗이 되고자 하는 자는 스스로 하나님과 원수 되게 하는 것이니라."

요한계시록에 기록된 대로, 그 인봉들을 떼시고 그 종말의 모든 일을 조율하시는 분은 하나님의 어린 양이 분명하다. 그러나 심판하시는 하나님에 대해서는 교회 안에서조차 논쟁의 여지가 있다. 하나님의 심판의 목적은 사랑에 거스르는 모든 것을 제거하는 것이다. 하나님께서는 사악한 자들에게 그의 심판을 부으시는 일을 즐기시지 않는다(겔 33:11). 그분은 세상의 왕국을 장악하고 있는 죄의 학정을 파괴하고 결코 끝나지 않을 의의 왕국을 세우실 것이다(계 11:15). 하나님께서는 사악한 자들에게 진노를 퍼부으실 것이며, 반역하는 교회에 있는 자들을 정결케 하기 위해서 그들을 연단하실 것이다. 예수님께서 재림 시 하늘을 가르고 큰 소리와 함께 강림하실 때에(살전 4:16), 거스르는 모든 것들을 힘으로 제거하시고, 흠 없는 신부를 취하실 것이다(마 13:41; 계 19:7-8).

사단의 분노
Satan's Rage

하나님께서 정하신 범위 안에서 사단의 분노가 지상에 대혼란을 가져온다. 사단의 죄에 대한 선고 시간이 임박해옴에 따라 사단은 요한계시록 12:12에 기록된 대로 이스라엘 국가와 어린 양을 따르는 모든 사람들에 대하여 분노를 퍼부을 것이다: "그러므로 하늘과 그 가운데 거하는 자들은 즐거워하라 그러나 땅과 바다는 화있을찐저 이는 마귀가 자기의 때가 얼마 못된 줄을 알므로 크게 분내어 너희에게 내려갔음이라 하더라."

인간의 죄
Man's Sin

죄 가운데 있는 국가가 직면할 가장 무서운 문제는 하나님이다. 이것은 사단의 공격들이나 자연의 재앙들 혹은 테러분자들의 음모들보다도 훨씬 더 위협적인 문제이다. 사람들은 서로서로를 해치기 위하여 자유의지를 사용할 수 있다. 요즈음 증가하고 있는 전쟁들과 폭력행위들에 대한 책임이 그들에게 있다.

피조세계의 탄식과 고통
Creation's Groans and Travails

우리는 이것이 지진, 격렬한 날씨 패턴, 그 외 여러 현상에 의해서 나타나는 것을 본다. 인류의 행동과 자연 피조세계의 상태 사이에는 땅과 식물과의 관계와 같은 신비하면서도 영광스러운 연결이 있다. 아담이 범죄했을 때, 저주가 땅에 내려졌다(창 3:17-18). 그 저주는 사람의 죄가 더하여짐에 따라 증가했다. 죄가 무르익어감에 따라 지구의 격동도 심해질 것이다(사 24:19-20).

하나님께서 요구하시는 반응
The Response that God Requires

하나님께서는 전 인류를 회개의 자리로 부르고 계신다. 그러나 우리가 하나님이 흔드시는 진동의 날에 방어의 최일선에 있기 때문에, 교회의 반응에 관해서 분명한 인식을 갖는 것은 특별히 중요하다. 하나님께서는 "내 이름으로 일컫는 내 백성이 그 악한 길에서 떠나 스스로 겸비하고 기도하여 내 얼굴을 구하면 내가 하늘에서 듣고 그 죄를 사하고 그 땅을 고칠지라"고 말씀하셨다(대하 7:14). 베드로도 이것을 베드로전서 4:16-18에서 말했다: "하나님 집에서 심판을 시작할 때가 되었나니 만일 우리에게 먼저 하면 하나님의 복음을 순종치 아니하는 자들의 그 마지막이 어떠하며"(17절).

교회는 이 땅에서의 언약백성으로서 하늘 앞에서 부르짖고, 그 틈에 막아서며, 죄를 대적하는 일에 가장 큰 책임이 있다. 게다가, 종말의 때에 열방의 상태들이 대혼란 속으로 급격하게 퇴보할 것이다. 기근과 역병과 사기와 다툼이 모두 증폭되어감에 따라, 많은 사람들이 공포와 혼돈과 분노에 짓눌릴 것이다. 이러한 절망과 타락의 소동 속에서, 구원받은 자들은 일어나야 한다. 하나님의 말씀과 예수님을 향한 충만한 사랑 안에서 갖는 자신감으로 담대하게 된 마음을 가지고, 우리들은 방황하는 무리들을 복음의 진리로 인도할 것이다.

> 여호와의 말씀에 너희는 이제라도 금식하며 울며 애통하고 마음을 다하여 내게로 돌아오라 하셨나니 너희는 옷을 찢지 말고 마음을 찢고 너희 하나님 여호와께로 돌아올지어다 그는 은혜로우시며 자비로우시며 노하기를 더디하시며 인애가 크시사 뜻을 돌이켜 재앙을 내리지 아니하시나니 주께서 혹시 마음과 뜻을 돌이키시고 그 뒤에 복을 끼치사 너희 하나님 여호와께 소제와 전제를 드리게 하지 아니하실지 누가 알겠느냐 너희는 시온에서 나팔을 불어 거룩한 금식일을 정하고 성회를 선고하고 백성을 모아 그 회를 거룩케 하고 장로를 모으며 소아와 젖먹는 자를 모으며 ... 여호와께 수종드는 제사장들은 낭실과 단 사이에서 울며 이르기를 여호와여 주의 백성을 긍휼히 여기소서 ... (요엘 2:12-17)

위기의 시간 동안에 하나님께서는 그의 백성들에게 분명한 반응을 요구하신다. 요엘 2:12-17에서 하나님께서는 그의 자비와 구원을 받기 위해서 우리가 무엇을 해야 하는가를 정확하게 말씀하고 계시는데, 그것은 성회로 모이고, 그에게로 돌이키며 회개함으로 우리의 마음을 찢고, 그의 친절과 자비를 믿으라는 것이다. 오늘날의 위기들에 대한 하나님의 대답은 바벨론의 침략이 다가오고 있을 때 요엘의 세대에게 말씀하신 것과 동일하다. 이것은 지방적이거나 전국가적인 위기의 때에 하나님께서 교회에게 무엇을 바라시는가에 대해서 설명하고 있는 가장 명백한 구절이다. 종말의 때 전 지구적인 드라마가 펼쳐질 때, 그리스도의 몸은 분명한 길의 안내지도를 가지고 있다. 이것이 가져다주는 거룩한 담대함은 얼마나 큰 축복인가! 이것으로 우리들은 위기의 때에 확신을 가지고 행동할 수 있다.

성회
Solemn Assemblies

우리는 기도와 금식의 연합적인 차원의 중요성에 대해서 명확히 인식하고 있어야 한다. 요엘은 사람들에게 연합으로 하나님께 부르짖자고 탄원할 때 이것의 중요한 점을 밝혔다. 요엘 1:13-14과 함께 2:12-17은 이 모임의 범위를 강조하고 있다. 이 상황은 모든 사람들 곧 장로들과 어린이들과 심지어는 신랑들과 신부들까지도 포함하여 이 거룩한 집회로 모일 것을 요구하고 있다. 이러한 포괄적인 부르심 안에 있는 함축적인 의미는 그 모임의 거룩하고도 진지한 성격이다.

우리가 재난이 발생했을 때나 혹은 곧 일어날 것에 대한 준비를 하기 위해서 모일 때에, 겸손함과 슬픔의 자세로 모여야 한다. 선지자 요엘을 통하여, 주님께서는 사람들에게 기도와 금식을 하도록 그리고 그를 섬기는 자들이 밤을 지새워 중보기도 하면서 울 것을 가르치고 계신다. 가벼운 마음으로 만나서 가볍게 기도하는 것으로는 충분하지 않다. 재난이 닥칠 때와 우리가 더 심한 날들을 예견하고 있을 때, 우리는 우리의 주의를 빼앗는 모든 것들을 제쳐놓고 주님께 자비를 구하면서 마음을 하나로 하여 신음과 산고 속으로 들어가야 한다.

우리의 마음을 찢는 것
Rending Our Hearts

금식과 연합중보예배가 효과적인 것이 되기 위해서는 그것은 반드시 전심으로 수행되어야 한다. 찢는다는 것은 어떤 것을 격렬하게 강제적으로 째는 것을 의미한다. 우리가 격렬하게 우리의 마음을 죄의 영역으로부터 찢어낸다면, 우리는 하나님께서 요구하시는 것과 나란히 하는 것이다. 전통적으로, 고대의 사람들은 그들의 슬픔과 절망을 표현하기 위해서 그들의 옷들을 찢었다. 하나님께서 마음을 찢는 것을 요구하실 때(욜 2:13), 우리를 그로부터 분리시키는 모든 것들을 향한 급진적이며 영적인 격렬함을 말씀하신 것이다(마 11:12). 요엘이 본질적으로 부르짖기를, " 마음을 찢어라! 아끼지 말아라! 만약에 너의 삶 가운데 성령의 불을 꺼지게 하는 것이 있다면, 그것을 제거하라!"고 했다. 예수님께서는 이러한 급진적인 찢음에 대해서 상징적으로 말씀하시면서, "만일 네 오른 눈이 너로 실족케 하거든 빼어 내버리라 ... 또한 만일 네 오른손이 너로 실족케 하거든 찍어 내버리라 ..."(마 5:29-30)고 하셨다. 예수님께서는 회개의 과정 가운데 마음을 고통스럽게 찢는 급진적인 의의 추구에 대해서 말씀하고 계셨다. 다른 말로 하면, 우리가 어떤 대가를 치르더라도 모든 타협하는 것들을 버려야 한다는 것이다.

서양 사람인 우리는 부드럽고 편안하고 온순하고 착실한 마음을 희망하지만, 우리 삶을 속박하고 있는 근본 시스템을 뽑아버리기 위하여 주님과 함께 협력하는 일에는 통상적으로 고통이 따른다. 어떤 사람들은 그들의 생활 방식을 바꾸지 않아도 되는 것이나 자유와 성결을 추구하는 것에 시간을 보내는 것을 선호하곤 한다. 우리들은 아무런 대가나 싸움 즉 우리의 마음을 찢는 고통이 없이 주님께서 우리의 문제들을 사라지게 해 주시기를 원한다. 우리들은 몇 끼를 금식한다거나 기도실에서 몇 시간을 부르짖는 것은 꺼리지 않지만, 우리가 친밀하고도 개인적인 찢음과 같은 고통을 원하지 않기 때문에 우리의 마음을 찢어야 될 필요성은 일반적으로 간과한다.

하나님께서는 교회가 "하나님의 은혜 안에서 우리의 자유"를 갖는 것이라고 부르는 많은 것들에 대해서 적대적이시다. 교회가 얻기 위해서 싸우는 자유의 대부분이 하나님께서 대적해서 싸우시는 바로 그것들이다. 우리가 시간과 돈을 쓰는 방법들, 명예를 추구하는 방법들, 말하고 관계하고 우리의 쓰라림을 나타내는 방법들 모두가 하나님 안에 있는 것을 방해하는 것으로 여겨지지 않았다는 증거를 보여준다.

성부 하나님의 마음은 그의 독생자를 죄에 대한 희생물로 주었을 때 찢겨졌으며, 그의 백성들이 회개로써 응답할 것을 거절할 때 그들을 오래 참으시는 고통 가운데 계속 찢겨졌다. 예수님께서는 십자가로 가셨을 때 그의 마음을 찢으셨다. 왜 하나님께서 그를 위한 사랑으로 우리의 마음을 찢기 원하시는지는 신비가 아니다. 하나님께서는 우리를 찾기 위해서 자신의 마음을 찢으셨으며, 우리를 멀찌감치 떨어뜨려 놓은 상태로 사랑하지 않는다는 것을 증명하셨다. 이러한 사랑 속으로 완전히 들어가고 장엄한 집회들 가운데 하는 금식과 기도에 온전히 참여하기 위해서는 우리의 마음은 찢겨져야 한다.

하나님의 인자하심과 자비 안에서 자신감을 가지라
Have Confidence in God's Kindness and Mercy

"너희 하나님 여호와께로 돌아올지어다 그는 은혜로우시며 자비로우시며 노하기를 더디하시며 인애가 크시사 뜻을 돌이켜 재앙을 내리지 아니하시나니 주께서 혹시 마음과 뜻을 돌이키시고 그 뒤에 복을 끼치사 너희 하나님 여호와께 소제와 전제를 드리게 하지 아니하실는지 누가 알겠느냐"(욜 2:13-14). 요엘은 그 사람들에게 주님께로 돌아오라고 권고하면서 왜 그들이 그들의 약함 가운데에서도 자신감을 가질 수 있는지에 대하여 다섯 가지 이유들을 제시했다. 그것들은 하나님은 은혜로우시며, 자비로우시며, 노하기를 더디 하시며, 인애가 크시고, 뜻을 돌이켜 재앙을 내리지 않으신다는 것이었다. 하나님께서는 구원의 길을 만들기를 원하신다. 우리가 이러한 하나님의 마음을 알 때, 우리는 회개하는 가운데 우리의 마음을 찢을 용기를 가질 수 있다. 만약 우리가 그를 향하여 한 걸음을 떼면, 그는 우리를 향하여 열 걸음을 뗄 것이다.

"우리의 죄를 따라 처치하지 아니하시며 우리의 죄악을 따라 갚지 아니하셨으니"(시 103:10). 주님께서는 우리들을 다른 어느 누군가 하는 것과 달리 은혜롭게 평가하신다. 그는 우리의 체질 곧 우리가 진토인 것을 기억하고 계신다(시 103:14). 그는 험악한 군대의 지도자나 어떤 형태의 약함도 거부하는 성난 코치와 같지 않으시다. "주와 같은 신이 어디 있으리이까 주께서는 죄악을 사유하시며 … 인애를 기뻐하심으로 노를 항상 품지 아니하시나이다"(미 7:18). 주님께서는 인애를 기뻐하신다. 하나님께서 우주를 운행하실 때 가장 하기 좋아하시는 일 중의 하나가 우리가 그의 무한한 자비를 얻을 때 우리 마음의 반응을 관찰하시는 것이다. 하나님께서는 우리의 많은 실패의 각각의 경우마다 새로운 출발을 허락하신다는 것을 우리가 이해하고 자각하는 것을 보고 기뻐하신다.

"혹 네가 하나님의 인자하심이 너를 인도하여 회개케 하심을 알지 못하여 그의 인자하심과 용납하심과 길이 참으심의 풍성함을 멸시하느뇨"(롬 2:4). 주님께서는 우리들을 다룰 때에 풍성한 인자하심과 용납하심을 가지신다. 우리가 하나님의 인자하심을 믿을 때에, 하나님께서 그 과정 가운데 우리들을 멸시하시지 않는다는 것을 느낌으로 우리는 자신 있게 완전한 회개로 나갈 수 있다. 하나님께서 우리 편에 서 계심을 알므로, 우리들은 그에게 우리가 회개하도록 도와달라고 구할 수 있다. 우리들의 회개는 결코 거절당하지 않을 것이다. 그의 백성들이 그에게로 돌아설 때, 그의 마음속에 있는 인자의 광대한 저수지로 하나님께서는 심판하실 것을 돌이키신다. 하나님께서는 심판을 돌이키시기를 기뻐하신다. 그는 우리의 자유의지를 존중하신다. 하나님께서는 우리에게 해악 대신에 복을 주시기 원하시지만, 사람들이 그에게 부르짖지 않는다면 그렇게 하지 않을 것이다.

우리는 하나님께서 심판을 선언하실 때 포함되는 두 무대를 이해해야 한다. 첫째, 법령은 하늘 법정에서 제정된다. 둘째, 그것은 취소 혹은 발효 된다. "... 백성아 모일지어다 모일지어다 명령이 시행되기 전, ... 여호와의 진노가 너희에게 임하기 전 ... 세상의 모든 겸손한 자들아 너희는 여호와를 찾으며 ... 너희가 혹시 여호와의 분노의 날에 숨김을 얻으리라"(습 2:1-3).

하나님께서는 심판의 법령을 발효하기 보다는 돌이키거나 취소하고 싶어 하신다. 우리의 기도에 대한 응답으로, 하나님께서 우리의 삶 가운데 베푸시려는 것을 바꾸신다. 소돔과 고모라의 멸망에 대한 이야기에서 돌이키시기를 원하시는 하나님의 한 예를 제시해 보겠다. 하나님께서 그 도성을 심판하시기로 하셨다는 것을 알고는, 아브라함이 주님께 만약 그 안에 단지 50명의 의인이 있다면, 그 주민들을 용서할 것인지를 물었다. 주님께서 그렇게 할 것이라고 말하셨다. 아브라함은 계속 질문을 하며 압박을 하였는데 각 경우마다 의인들의 수를 줄여갔다. 마침내 그가 "거기서 십 인을 찾으시면 어찌 하시려나이까?"라고 물었다. 또 다시 주님께서 아브라함에게 그들을 용서하실 것이라고 말씀하셨다(창 18:22-33). 그러나 십 인의 의인조차도 찾지 못하여서, 그 도성들은 파괴되었다.

니느웨에 대한 이야기는 돌이키시기를 원하시는 하나님의 또 다른 한 예를 보여준다. 요나는 하나님께서 그 도성을 심판하실 것이라고 외쳤다. 그 도성은 회개했고, 하나님께서는 그 도성 전체를 구원하셨다(욘 3:4-10).

성경은 사건들의 진행경로나 그것들의 최종결과조차 바꿀 수 있다는 사실을 풍부하게 증거하고 있다(창 18:22-32; 출 32:9-14; 삼하 12:15-23, 24:10-16; 대하 34:22-28; 렘 18:7-10, 51:6-8; 겔 18:21, 22, 28, 33:10-14; 단 4:27; 암 5:1-3, 14-15, 7:1-6; 습 2:1-3; 합 3:16-19; 욘

3:4-10; 말 3:16-4:6).

나는 모든 사람들에게 요엘서를 공부할 것을 권한다. 그것은 다가올 전 지구적인 부흥과 위기의 관점에서 교회와 많은 연관을 가진 작은 구약의 책이다. 나는 요엘서를 "작은 계시록"으로 부른다. 나는 요엘서에 대한 강의 목록을 썼는데, 그것은 그 책의 각 절을 다룬다. 그것은 곧 지구에 다가올 운명에 비추어 금식과 기도의 주제를 더욱 발전시킨 것이다.

제12장 국제 금식 기도: 요엘 2장 문화를 수립하는 것
The Global Bridegroom Fast: Establishing a Joel 2 Culture

우리의 하늘 신랑을 갈망함에서 오는 금식의 생활 방식으로 들어오라는 초청에 응답하며, 다가오는 전 지구적인 위기의 관점에서 성회들의 필요성을 이해하면서, 캔사스시티에 있는 국제 기도의 집은 국제 금식 기도(the Global Bridegroom Fast)를 창설하였다. 매월 초에 모든 직원들과 참여하기를 원하는 다른 분들이 3일 동안의 연합중보예배와 기도와 금식을 위하여 모인다.

우리들은 매월 첫 번째 월요일, 화요일, 수요일에 그리고 12월에는 7일 동안, 모두 합하여 일 년에 40일간의 금식을 위하여, 캔사스시티에서 회합을 갖는다. 우리의 연합중보기도는 매일 여섯 번 있는 2시간의 기도회들이 중심이 되어 있다 (오전 6시, 10시, 오후 4시, 8시, 자정, 새벽 4시). 그것은 예수님의 부재하심을 슬퍼하며, 그의 재림을 부르짖고, 우리의 첫사랑을 기억하며, 성령님의 전례없는 역사가 이곳과 해외에 흘러가기를 부르짖는 축복된 시간이다.

성경의 명령에 대한 응답이기도 하지만, 신랑을 위한 국제 금식은 주님이 2002년 1월에 우리의 지도자들에게 예언적으로 말씀하실 때 주님에 의해서 시작되었다. 주님은 여기에 있는 신자들의 공동체가 예수님께서 재림하실 때까지 매월 갖는 성회들을 위해서 계속 헌신하며, 전 세계의 그리스도의 몸이 동일한 일을 하도록 권고하라고 지시하셨다.

국제 금식 기도: 전 세계적인 성회
Global Bridegroom Fast: A Worldwide Solemn Assembly

이러한 전 세계적인 부름은 사람들로 하여금 IHOP-KC와 관련된 어떤 특정한 조직이나 사역에 참여하라는 것이 아니다. 오히려 그것은 전 세계에 흩어져 있는 모든 신자들이 그들의 마음을 찢고 예수님을 향한 사랑과 그의 임박한 재림에 뿌리를 둔 근본적인 금식 생활에 헌신하도록 초청하는 것이다. 그 비전은 전 세계적으로 1억 명의 신자들이 각 지역에 모여서 하나님의 능력의 돌파를 위하여 그리고 열국 특히 이스라엘에 전례

없는 부흥을 위해서 씨름하는 것이다.

    비록 정해진 특정한 형식이 가장 중요한 것은 아니지만, 우리는 이러한 비전을 받아들이는 분들이 연합중보기도의 능력을 위하여 우리의 일정표에 맞추어서 모임을 갖게 되기를 겸손하게 초청한다. 물론, 그 여러 가지 모임들의 지도자들은 주님께서 인도하시는 대로 기도의 방식과 강조점들을 조정할 자유가 있다. 형식보다 더 중요한 것은 예수님 그리고 앞장들에서 설명한 성경적인 가치들에 전심으로 헌신하는 것이다. 이러한 모임들에 대해 어떠한 조직적인 감독도 하지 않는 원칙을 유지하면서, IHOP-KC는 단지 그 동기를 좇아 그동안 중지되었던 금식과 기도를 통하여 그리스도를 추구하는 일을 다시 하도록 격려할 수 있다면 어떤 자원들이라도 제공할 것이다. 1억 명의 성도들이 신랑이신 주 예수님의 계시에 초점을 맞추고 동시에 기도하며 금식하는 것을 한 번 상상해 보라! 주님께서는 열국을 통하여 기도와 금식의 국제 합주회를 일으키고 계신다. 그 결과는 창세기 28:20에서 야곱이 경험한 비전과 같이 그리스도의 몸과 이스라엘 국가 위에 열린 하늘이 있을 것이다.

요엘 2장 문화를 수립하는 것
Establishing the Joel 2 Culture

    매월 신랑을 위한 국제 금식은 주님께서 우리들에게 들어오라고 전략적으로 부르시는 매우 중요한 사역이다. 그러나 서구 교회의 상태는 매월 한 번의 모임보다 훨씬 더 한 것을 필요로 한다. 우리는 이러한 금식방식을 삶의 한 형태로 이해해야 한다. 너무 위험하고 극심하여 하나님의 계시를 받지 않고서는 도저히 이해할 수 없는 때가 급속하게 다가오고 있다. 마귀는 인류 역사상 가장 강력한 악을 풀어놓으려고 획책하고 있다. 속이는 일과 죄가 전무후무하게 지상을 덮을 것이므로, 교회는 획기적인 대비책을 가지고 있어야 하는데, 그것은 성경에 기록된 대로 계속적으로 기도와 금식하는 일에 함께 해야 한다는 것이다. 만약 교회가 주님이 오실 때에 흔들림 없고 흠없는 상태로 남아 있으려면, 교회의 모든 문화가 극적으로 변화되어야 한다.

시대의 마지막 때에 있을 큰 싸움은 두 기도의 집들 사이에 있을 것이다. 두 집들 다 아브라함의 허리에서 나왔는데, 바로 야곱(하나님께서 이스라엘로 개명하셨음)의 집과 이스마엘의 집이다. 다른 말로 하면, 각각 기도의 집으로 기능하는 마지막 때의 그리스도의 몸과 이슬람의 집이 예수님의 재림 직전에 있을 큰 충돌의 길 위에 놓여 있다. 세계적으로 1억명 이상의 무슬림들이 라마단에 참여하고 있는데, 그것은 매년 마지막(보통 11월)에 30일 동안 금식하는 기간이다. 그들은 알라로부터 호의와 능력을 얻기 위해서 종교적인 순결함을 추구한다. 힌두교와 불교 같은 다른 종교들도 정기적으로 극심한 금식과 기도를 수행한다.

그리스도의 몸은 거짓 종교들의 헌신과 맞먹는 심지어는 능가하는 대응책을 가지고 있어야 한다. 하나님께서는 교회를 라마단 금식과 그 뒤에 있는 종교 시스템과 싸우는 성령 안에서의 하나님의 망치로 일으키고 계신다(사 41:15). 성령님은 교회가 타협적이고 수동적인 자세를 버리고 일어나도록 그리고 진리가 열국에 충만하게 하기 위하여 싸우도록 교회를 깨우고 계신다. 이것은 요엘에 의해서 주어진 메시지 즉 성회들로의 부르심을 우리의 영적 문화의 통상적인 한 부분으로 삼으라는 말씀에 주의할 것을 요구하고 있다. 여기에 바르게 반응하기 위해서, 서구 교회로서의 우리들은 그리스도의 몸 전체를 휩쓰는 완전히 새로운 삶의 방식이 필요한다. 우리는 계속적인 기도와 금식 안에서 살아갈 필요가 있다. 신랑금식을 위해서 함께 모이는 것의 실제적인 차원은 우리들이 그리스도의 몸으로서 받아들여야 할 전적인 삶의 방식을 나타내는데, 그것은 요엘에 의해서 개설된 삶의 방식이다.

들으라 그리고 귀를 기울이라
Hear and Give Ear

"늙은 자들아 너희는 이것을 들을지어다 땅의 모든 거인아 너희는 귀를 기울일지어다 너희의 날에나 너희 열조의 날에 이런 일이 있었느냐" (욜 1:2). 우리의 마음이 이러한 메시지의 계시를 받기 위해서는 성령님의 역사가 필요하다. 요엘의 때나 우리의 때나 그 지혜는 변하지 않았다. 그 첫 번째 권고는 "들으라 그리고 귀를 기울이라"는 것인데, 이것은 요엘서를 부지런히 연구하는 것을 의미한다. 그것의 장기적인 핵심 메시지는 적그리스도와 대환난의 위기와 함께 하나님의 영광이 부흥 가운데 오고 있다는 것이다. 요엘이 우리들에게 말하기를 이 기간 동안에 전심으로 주를 찾는 것-금식생활-이 차이를 만들 수 있는데, 그 이유는 하나님은 인애하시고 그의 백성들이 그를 찾을 때, 즉 위기의 때에 축복을 베푸시기 때문이다.

요엘이 사람들에게 "들으라"고 도전을 주고 있는데, 이것은 그들이 듣는 것을 향상시키는 삶의 방식을 살아갈 필요가 있다는 것을 의미한다. 우리들이 메시지 속으로 깊이 들어가기 위해서는 귀를 기울여야 한다. 우리들이 그리스도인이라고 이 들음이 자동적으로 오지는 않는다. 그것은 요엘 메시지의 계시를 신중하고 계획적으로 경작할 것을 요구한다. 명백히 듣기 위해서는 계시의 영이 필요하다(엡 1:17).

예수님께서 요한계시록에 언급하신 일곱 교회들에게 이와 같은 호소를 하셨다: "귀 있는 자는 성령이 교회들에게 하시는 말씀을 들을지어다"(계 2:7; 3:6). 예수님께서 본질적으로 "주의를 깊게 기울여라 왜냐하면 하나님의 말씀을 진정으로 듣기 위해서는 하나님의 도움이 필요하기 때문이다"고 말씀하고 계신다. 당신이 받는 정보에 주의하라. 하나님께서 그것을 듣도록 돕지 않으면, 당신은 그것을 설명하는 것으로 끝을 내든지 잊어버리게 된다. 말세의 메시지는 우리의 육신에 공격적이다. 우리는 본성적으로 우리의 안락한 구역들에 도전이 가해지는 것에 저항한다. 듣고 이해를 배양하라는 하나님의 가르침은 매우 중요하다. 만약 말세의 메시지를 처음 들을 때 흔들림을 경험하면, 우리는 우리의 마음이 계시에 붙들릴 때까지 그것을 추구해야 한다. 이러한 메시지는 우리 마음속에 살아 있는 명철이 되어야만 한다.

이것을 말하는 또 다른 방법은 우리가 "두루마리를 먹어야 한다"는 것인데, 이것은 진리가 우리의 한 부분이 될 때까지 소화하는 것을 의미한다(겔 3:1; 계 10:9). 만약 그 메시지로 우리의 영을 먹이지 않으면, 그것을 들을 때 경험하는 초기 영감이 급속히 증발되어 버린다. 우리는 "주님, 나는 제 마음이 계시로 불타서 다르게 살게 되기 전에는 만족하지 않겠습니다."라고 기도해야 한다. 엠마오 도상의 제자들과 같이, 우리들이 성경을 열 때 우리 속에서 우리의 마음이 불붙기를 원한다(눅 24:32).

다가오는 위기는 전례가 없고 생소한 것이다
The Coming Crisis is Unprecedented and Unfamiliar

"너희의 날에나 너희 열조의 날에 이런 일이 있었느냐"(욜 1:2). 요엘은 일어나고 있는 일의 전례없는 규모를 강조하면서 시작했다. 본질적으로 그는 "이와 같은 일을 본 적이 있었느냐? 이 일이 정상적인 것이라고 생각하느냐?"라고 물었다. 만약 다가오는 사건이 전례가 없는 것이라면, 그것은 우리 마음에 너무나 생소하여 쉽게 이해할 수 없을 것이다. 우리 세대는 지구상에 거대한 변화를 가져올 하나님 달력의 새로운 계절로 들어가고 있다. 하나님의 영광과 심판들이 흔들릴 수 있는 모든 것을 흔들 것이다. 우리는 지금 우리가 참고할 아무 것도 가질 수 없는 독특한 시간대에 있는데, 그것이 주는 생소함은 그것을 대비하기 어려운 원인이 된다. 대부분의 사람들이 요한계시록에 기록된 사건들을 겪으며 사는 것에 대해서 진지하게 생각하지 않는다.

오늘 현재로 볼 때, 큰 위기의 때는 아직 시작되지 않았고, 단지 앞으로 올 일의 작은 상징들이 보여지고 있다. 그러나 지금이라도 우리는 예수님의 재림을 비웃는 불신앙의 영에 굴복해서는 안 된다. 베드로후서 3:3-4은 다음과 같이 경고한다. "먼저 이것을 알지니 말세에 기롱하는 자들이 와서 자기의 정욕을 좇아 행하며 기롱하여 가로되 주의 강림하신다는 약속이 어디 있느뇨 조상들이 잔 후로부터 만물이 처음 창조할 때와 같이 그냥 있다 하니"

베드로가 예언한 조롱하는 자들이 교회 안팎에 있을 것이다. 그들의 세계관은 성경의 계시로부터 오지 않고 그들의 정욕들과 소원으로부터 올 것이다. 그들은 자신들의 돈과 쾌락과 권력을 즐기는 것에 방해받지 않으려고, 하나님께서 그의 말씀 안에 기록하신 삶의 방식을 극단적이고 불필요한 것이며 종말론적 메시지는 거짓이며 비성경적이라고 생각한다. 그들의 불신앙과 냉소주의가 그들이 "주의 강림하신다는 약속이 어디 있느뇨"라고 말하도록 부추긴다. 다른 말로 하면, "온다는 부흥이 어디 있으며, 온다는 심판이 어디 있느뇨"한다는 것이다. 이러한 조롱하는 자들은 만물이 항상 그랬듯이 계속 있을 것이라는 거짓을 영원한 진리로 만들 것이다. 그들은 하나님께서 말씀으로 그의 왕국과 우주를 다스리시고 계신다는 것을 일부러 잊으려하나(벧후 3:5), 그의 말씀이 말하는 것은 반드시 일어날 것이다.

서구 사회에 사는 신자들로서 우리들이 경각심을 가져야 할 것은 우리가 살고 있는 시대와 문화의 조롱하는 영에 의해서 우리가 얼마나 큰 영향을 받고 있는지를 진정으로 깨닫지 못한다는 것이다. 우리가 우리 자신들을 주님의 재림을 대놓고 "조롱하는" 일에 참여하는 사람으로 상상하지 않기 때문에, 베드로의 권고를 개인적으로 관계없는 것으로 재빨리 버릴 수 있다. 이것은 대적의 교묘하고 기만한 술책이다. 우리가 재림에 대해서 큰소리로 조롱하지는 않아도, 우리의 문화와 우리 대부분의 마음에 배어있는 이러한 영의 잔재에서 벗어나 있지 않는다. 그것은 알지 못하는 가운데 어리석은 영에 우리를 내버려두어 우리의 생각을 어지럽히며 우리의 열정을 식게 만든다.

　우리의 딜레마는 우리의 하늘이 맑다고 생각하고 있는데 사실은 영적인 안개 속에 살고 있다는 것이다. 우리는 많은 사단의 견고한 진에 의해서 우리의 사고나 생활 방식이 사실상 영향을 받고 있지 않다고 생각한다. 일들이 잘 되어 가고 있는 것이 아닌데, 우리들은 그것을 알지 못한다. 세상이 악한 자의 지배 아래 들어가고 하나님에 대한 격노와 그의 섭리들에 대한 분노로 찌그러지는 것처럼, 일들은 절박하게 잘못되어 가고 있다. 잠시 동안 많은 것들이 표면 아래에 들어가 잠자고 있지만, 연기되고 있다는 것으로 지금 수면 상태에 있는 것을 덜 실제적인 것으로 만들 수는 없다. 세계는 마치 우리를 이 시대의 어두움에 의해서 최면술에 걸린 것처럼 거짓 평화 의식 속에 잠자도록 계속 유혹하고 있다.

　시대의 마지막 때에 인류 역사가 점점 최고점으로 치달음에 따라, 교회에 있는 우리들까지 포함한 세상 사람들이 이러한 유혹에 빠져 그 속에서 잠자고 있다. 우리들은 이것으로부터 구원받아야 한다. 무엇인가가 다가오고 있는데, 그것은 인류가 지금까지 결코 경험해보지 못한 종류의 것이다. 그러나 그 때가 우리의 시대가 될 것인지는 알지 못한다. 우리가 아는 것은 그것이 다가오고 있다는 것과 그 시대의 영이 총력태세에 있다는 것이다. 우리가 열심히 신랑을 위하여 슬퍼하는 일과 금식과 중보기도를 위하여 모이는 일에 헌신하지 않는다면, 우리들은 악한 자에 의해서 속임을 당할 것이며 잠자도록 유혹받을 것이어서, 결국 주님께서 재림하시는 시간을 알지 못하는 가운데 있게 될 것이다. 이것이 우리의 영적인 상태를 낭만적으로 묘사하거나 그의 말씀을 들으라고 하시는 주님의 긴급한 부르심을 소홀히 할 수 없는 이유이다.

서구 사회의 교회는 아직 무엇이 오고 있는지에 대해서 잘 인식하지 못하고 있다. 우리들은 소위 타조 신드롬에 빠져 있다. 머리를 땅에 처박고 그 때가 그냥 지나가기를 희망한다. 우리가 단순히 모르는 상태에 있다고 해서 하나님께서 그의 계획들을 바꾸시겠는가? 아니다. 하나님의 말씀 속에 기록된 것은 없던 것으로 그냥 지나가지 않는다. 그것은 우리가 준비되었든 안 되었든 일어날 것이다. 만약 요엘 1장의 메뚜기 재앙과 요엘 2장의 군사적인 위기가 우리에게 친숙하지 않다면, 요한계시록은 어떠한가? 계시록에 기록된 모든 사건들은 전적으로 우리에게 친숙한 것이 아니다. 이와 같은 일이 언제 일어난 적이 있었는가? 그것은 완전히 새로운 장이다. 세계가 경험했던 것들 중 가장 큰 부흥과 가장 큰 재난이 임박해 있다. 우리의 최고의 날들과 최악의 날들이 빠르게 다가오고 있다.

노아는 전례 없던 심판의 시간에 하나님께 정확하게 반응한 최고의 모델이다. 그는 자신에게 전혀 친숙하지 않았던 예언적인 메시지를 받아들였다. 하나님께서 그에게 40일 동안 비가 올 것이라고 말씀하셨다. 노아는 비가 무엇인지 몰랐는데, 그 전에는 비가 내린 적이 없었기 때문이었다. 그 때까지는 하나님께서 땅의 밑으로부터 수분을 공급하셨다. 노아가 사람들에게 물이 하늘로부터 내려올 것이라고 말했을 때, 그들은 노아의 메시지를 받아들이는 것을 거절했고 의심할 여지없이 그를 조롱했다. 모든 사람들은 물이 하늘로부터 내리는 것이 아니라 땅으로부터 솟아나는 것으로 알고 있었다.

그러나 성경은 그것이 노아에게 분명히 이상히 여겨졌겠지만, 그가 하나님께로부터 이 메시지를 들었을 때 "경외함으로 감동이 되었다"고 말하고 있다(히 11:7). 그는 급진적으로 삶의 방식을 바꿈으로써 순종했다. 그는 100년 이상 나무를 자르고 방주를 짓는데 그의 시간과 정력을 쏟았다. 상상해 보라. 배를 만드는 80년 동안, 그의 친구들이 "노아, 너 분명히 들은 것 맞아?"하며 틀림없이 물었을 것이다. 그 때에 아무런 비의 징조가 없었다. 그러나 노아는 주님의 말씀을 확신했고, 그것이 노아의 삶의 모든 것을 바꾸어 놓았다. 그는 시간과 돈과 정력을 소비하는 방법이 결코 예전과 같지 않았다. 예수님께서 마지막 때를 노아의 때와 같을 것으로 비유하셨다(마 24:37-39). 전례가 없던 어떤 일이 우리 세대를 향하여 다가오고 있으므로, 오늘날 우리들도 노아처럼 살아가는 방식을 극적으로 바꾸어야 한다.

지도자들이 이끌어야 한다
Leaders Must Lead

"늙은 자들아 너희는 이것을 들을지어다 땅의 모든 거인아 너희는 귀를 기울일지어다"(욜 1:2). "들으라"는 명령은 영적 지도자들을 부르는 것으로 시작되고 있다. 지도자들은 "귀를 기울여야" 한다. 다른 말로 한다면, 그들이 그들 자신을 이 메시지에 던져야 한다는 뜻이다. 그들은 펼쳐진 성경을 가지고 하나님 앞에 무릎을 꿇고, 구약성경의 선지자들이 말한 것이 주님께서 재림하시는 세대에 일어날 것인지에 대해서 연구와 묵상을 시작해야 한다. 이 땅의 거민들은 그들의 지도자들이 듣고 금식과 기도 속으로 들어갈 때 그 모범에 따라 그들의 삶을 조율할 것이다(욜 1:2).

하나님께서 한 나라에 주실 수 있는 가장 위대한 선물은 계시의 영과 금식과 기도의 은혜를 가지고 있는 지도자들을 일으키는 것이다.

미국의 가장 큰 위기는 할리우드나 수도 워싱턴에서 행해지는 죄가 아니다. 그것은 죄를 짓는 중앙본부 역할을 하는 우리 거대 도시들에서 일어나는 일이 아니다. 미국의 가장 큰 문제는 교회가 계시의 영이 없고, 때의 긴박성을 이해하지 못하며, 금식과 기도의 영이 없는 지도자들에 의해서 대부분 인도되고 있다는 것이다. 이것은 2001년 9월 11일 위기의 가장 큰 비극 가운데 하나였다. 교회의 지도자들은 9월 11일의 사건에 대해서 어떻게 반응해야 할지 또 어떻게 말해야 할지 몰랐다. 이러한 문제점이 수정되었을 때, 하나님의 기름부으심 가운데 행하는 지도자들은 다른 필요한 이슈들을 제기할 것이다. 성경적인 진행방향은 하나님의 지도자들이 성령님이 말씀하시는 것을 먼저 듣는 것이고, 그 다음에 백성들이 그것에 진지하게 귀를 기울이게 되는 것이다. 전체적으로 볼 때 하나님의 백성들은 그들의 지도자들이 하는 것을 그대로 한다.

메시지를 선포하라
Proclaim the Message

요엘 1:3은 우리가 메시지에 귀를 기울인 후에 그것을 다른 사람에게 말해야 한다고 한다. 우리들이 단지 그 메시지를 듣고 거기에 붙들려 있기만 해서는 안되며, 그것을 또한 선포해야 한다. 담대하게 진리를 말함으로써 우리가 지불해야 할 대가는 구약의 선지자들이 감내했던 박해들 속에서 찾아볼 수 있다. 그들은 비난받았고, 배척당했으며, 감옥에 갇히고, 죽임을 당했다. 주님께서는 요엘 2장의 종말론적 메시지를 선포하는 데 필요한 용기와 믿음을 높이 사시며, 우리들이 그가 우리에게 맡긴 것을 신실하게 사용하기만 하면 더 많은 계시와 권위를 우리에게 주실 것이다. 예수님께서 그의 제자들에게 다음과 같이 말씀하실 때 요엘 1:2을 인용하셨다. "들을 귀 있는 자는 들으라 또 가라사대 너희가 무엇을 듣는가 스스로 삼가라 너희의 헤아리는 그 헤아림으로 너희가 헤아림을 받을 것이요 또 더 받으리니 있는 자는 받을 것이요 없는 자는 그 있는 것까지 빼앗기리라"(막 4:23-25).

역동적인 영적 문화를 수립하라 - 자녀에게 고하라
Establish a Dynamic Spiritual Culture - Tell the Children

"너희는 이 일을 너희 자녀에게 고하고 너희 자녀는 자기 자녀에게 고하고 그 자녀는 후시대에 고할 것이니라"(욜 1:3). 장로들에게 들으라고 또 이 땅의 거민들에게 귀를 기울이라고 권고한 후에, 요엘은 그들에게 이 메시지를 네 세대까지 계속 전파하라는 명령을 주었다. 장로들과 백성들은 그들의 어린 자녀들에게, 그 자녀들은 또 그들의 어린 자녀들에게, 또 그들은 그 다음 세대에게 이야기해야 한다. 모든 어린 자녀들이 이 메시지를 명백하게 들어야 하며 또한 종말의 실체에 대해서 이해하는 가운데 자라야 한다. 마치 노아의 세 자녀들이 홍수가 오고 있다는 메시지를 들은 것처럼, 그들이 마지막 때에 대해서 듣는 것이 통상적인 것이 되어야 한다.

우리들은 우리의 자녀들이 다가오고 있는 것에 아연실색한다든지 전혀 무관심하게 자라는 것을 원하지 않는다. 우리 자녀들은 앞으로 오는 날이 위대하지만 동시에 두려운 것이라는 것을 알아야 한다. 그들은 금식이 있는 기도의 삶을 살아가는 것에 의해서 바로 지금과 그 날에 인애와 사랑의 하나님과 어떻게 협력해 나가야 하는지를 알아야 한다. 어린아이의 영은 물에 젖은 시멘트와 같이 틀에 넣어 모양을 만들 수 있을 정도로 부드러워 가르침을 잘 받는다. 우리가 이러한 젖은 시멘트와 같이 열려져 있는 영에 무엇을 쓰든지, 그들은 그것을 사실로 그리고 표준으로 받아들일 것이다.

어른들은 그들의 젊은 시절에 형성된 하나님에 관한 잘못된 패러다임으로부터 자유하게 되는데 수년 동안을 씨름할 수 있다. 우리들은 우리의 어린아이들의 유순한 마음이 그들 속에 진리가 깊숙이 박히게 되는 젖은 시멘트가 되기를 원한다. 그들은 전례없는 부흥과 함께 전례없는 악이 오고 있다는 것을 믿을 것이다. 그들은 악한 적그리스도로 세계정부가 일어날 것인데, 그것은 지금까지 세계가 결코 알지 못했던 어떤 정치적이거나 군사적인 연합체보다 더 강력하고 잔인한 정권이 될 것임을 알게 될 것이다. 그러나 그들은 또한 예수님께서 왕으로서 온 세상을 지배하고 다스리기 위해서 다시 오고 계신다는 것도 알게 될 것이다. 이 시간에 대비하기 위해서, 그들은 금식과 기도가 하나님의 사람들에게는 통상적인 것이라는 것을 이해하고 믿어야 한다. 그들은 그들의 엄마와 아빠가 했던 것을 기억할 것이다. 바로 그들이 금식과 기도를 위해서 함께 모였다는 것이다.

(다나의 말) 나의 남편 매트와 나는 1년 전에 우리의 첫 번째 아이가 태어났는데, 매디슨이라고 하는 작은 딸 아이였다. 우리들은 곧 우리들이 살고 있는 시대와 문화를 채우고 있는 거짓의 맹공격에 휩쓸리는 것이 아닌 하나님 말씀의 진리에 입각하여 무엇이 그녀에게 있어서 표준인지를 재정의해야 한다는 강박관념에 사로잡히게 되었다. 아마 우리 어린 자녀들을 가르치는 과정 중에서 가장 어려운 부분은 안락과 편안함과 냉랭함의 맹렬한 물결을 거슬려 헤엄치기 위해서 우리의 마음을 끊임없이 재정렬해야 한다는 것이다. 우리들은 우리 어린 자녀들의 삶뿐만 아니라 우리 자신의 삶 속에서도 긴박감을 유지해야 한다.

그것이 무엇이든지 상관없이, 우리의 표준인 것이 그녀의 표준이 될 것이다. 긴박성과 신랑을 위해서 슬퍼하는 삶의 방식은 우리가 하루 참가하여 마음에 결말을 내는 어떤 것이 아니다. 오히려, 그것은 하나님의 은혜 속에서 무기력과 냉랭함으로부터 우리 자신을 빠져 나오게 흔들면서 매일 하루하루를 재헌신해야 하는 어떤 것이다. 이것이 우리 딸을 위하고, 우리 자신의 삶을 위하며, 그 속에서 살아가는 신자들의 공동체를 위하고, 우리 시대의 그리스도의 몸을 위하는 우리의 마음이다.

영적인 문화는 우리 아이들에게 가르치는 것을 기초로 하여 교회 안에 수립된다. 우리 아이들이 그들의 자녀들에게 같은 것을 가르칠 것이다. 네 세대가 교육받을 때까지, 그 메시지를 믿는 일단의 사람들이 생존해 있을 것이다. 하나님의 말씀이 말하는 방식대로 믿고 행동하는 것이 표준적인 것으로 여겨질 것이다. 요엘서 2장의 메시지에 따라 이러한 역동적인 영적 문화를 수립하는 것은 자기만족감으로 가득 찬 조롱하는 영을 쫓아낸다(벧후 3:3-4).

그리스도의 몸의 영적 문화는 지금 조롱하며 자기만족감에 사로잡힌 영으로 가득 차 있다. 자기만족의 영은 마지막 때에 대한 하나님의 말씀을 믿는 것을 극단적이라고 생각할 만큼 교회의 리더십 가운데 깊은 뿌리를 내리고 있다. 우리는 신앙 안에서 하나님께서 그의 말씀 안에서 말씀하시는 것을 믿어야 한다. 하나님께서 그것을 말씀하셨고, 나는 그것을 믿으며, 그리고 나는 그것으로 만족한다! 우리 아이들은 믿음과 전심이 강조되는 영적 환경 속에서 길러져야 한다. 다른 말로 하면, 기도와 금식이 마지막 세대 교회의 주도적인 영적 문화가 되어야 한다는 것이다. 이것이 하나님께서 모든 사람들에게 "너희 자녀에게 고하라"(욜 1:3)고 명령하실 때 원하셨던 것이다. 만약 젊은이들과 늙은이들이 함께 그들의 속사람 안에 이해와 능력으로 가득 채워져 있다면, 재난의 날이 얼마나 달라 보일지 한번 상상해 보라!

교회가 요엘의 메시지를 따라 살도록 준비된 어린이들을 길러내는데 사람이든지 재정이든지 그 자원을 사용하는 것은 극히 중요하다. 나는 IHOP의 선임 리더십 팀에서 섬기고 있는 레니와 트리이시 라구알디아 부부로 인해 하나님께 무척 감사하고 있다. 그들은 우리의 영적 가족들 중 어른들을 대상으로 그 자녀들이 요엘서의 메시지를 따라 살도록 준비시킬 수 있는 훈련을 하고 있다. 그들은 어린아이들을 위한 하나님의 목적을 이루기 위하여 25년 이상 사역해 왔다. 나는 그 25년 중 대부분의 시간 동안 그들을 알고 지냈고 관찰해왔다. 하나님의 능력 안으로 들어가는 어린이들을 길러내려는 그들의 비전과 성실함은 나를 놀라게 했다.

그들은 이러한 여러 해 동안, 지금 이 시간 하나님께서 그리스도의 몸에게 주실 모든 것 속으로 아이들이 들어가도록 훈련시키는 비전을 붙들고 있었다. 그들은 IHOP의 스텝으로 참여하기 위하여 많은 봉급을 주는 대형 교회를 떠났는데, 중보기도 선교사로서 사역하는 자신들을 후원하기 위해서였다. 나는 그들에게 왜 이렇게까지 포기할 마음이 있었느냐고 물었다. 그들은 하나님의 능력 안에서 획기적인 전환점을 가져오기 위해서 함께 힘쓸 정도로 금식하며 기도하는 것을 중요하게 생각하는 사람들의 공동체 안에서, 그 아이들을 훈련하기 위해 자신들이 어떤 것이라도 포기한 것이 있다면 그것을 특권으로 여긴다고 하였다. 나는 하나님께서 요엘서에 기록된 영적 문화를 배양하기 위해서 그 도전을 진지하게 생각하는 영적 아빠와 엄마의 군대를 일으키고 계신다고 믿는다. 성령과 신부가 외치고 있다: "마라나타!" 주 예수여 속히 오시옵소서!

요엘서에 대하여 더 알고 싶으신 분들은 Mike Bickle이 쓴 Study Guide, "Studies in the Book of Joel"을 보라.

한 가지
Onething

'한 가지(Onething)'는 어떤 하나의 회의라고 하기보다는 좀 더 의미가 있는 것이다.

그것은 남자와 여자들의 마음이 하나님의 참된 본성으로 살아나는 것 즉 그리스도의 몸 안에서 대각성이 일어나는 것을 보는 것에 사명감을 가진 사역이다.

'한 가지(Onething)'는 미국 미주리주의 캔사스시티에 있는 국제 기도의 집에 본부를 둔 하나의 청장년 사역이다. '한 가지(Onething)' 사역을 통하여 우리들은 특정한 메시지를 전하며, 청장년들을 이생에서의 최고의 목적인 예수님을 사랑하는 것으로 돌아오라고 부르는 위임명령을 수행한다. 우리들은 청장년들이 주님을 마음과 목숨과 뜻과 힘을 다하여 사랑하며 전심으로 열정을 가지고 예수님을 추구하라고 하는 첫 번째 계명을 지키며 살아가는 일을 돕기 위하여 노력한다.

우리의 희망은 인자되신 예수님의 진리가 마음을 찌르고, 속박의 사슬이 제거되며, 이해의 눈이 열리고, 자기만족에 빠진 마음이 소생되어, 궁극적으로 청장년들이 예수 그리스도를 전심으로 사랑하는 자들이 되도록 하는 것이다.

내가 여호와께 청하였던 한 가지 일 곧 그것을 구하리니...
(시편 27:4)

무엇을 구하고 계십니까? www.IHOP.org

*** IHOP-KC 선교 기지는 무엇입니까?**

그것은 기도(중보기도, 예배, 치유, 예언 등), 금식(연중 365일 연속), 그리고 지상명령(지상에 그의 공의가 실현되게 하는 방법으로서 능력을 가지고 열방을 향해 예수님을 선포하는 것)에 사명을 가진 헌신된 하나의 국제선교기구이다. 우리의 일은 교회 안에서의 부흥과 잃어버린 자들 가운데서의 마지막 추수를 보기 위하여 일하는 헌신된 중보기도자들과 기름부음받은 메신저들로서 선교사들을 훈련하고 파송하는 일을 포함한다.

*IHOP-KC의 선교 비전 서술문

마지막 때의 예언자적인 메신저들로서 선두주자의 영 안에서 일을 수행하는 예배하는 중보기도자들을 불러내고, 훈련하며, 동원하는 것. 공의를 실현하는 하나님의 최고의 수단(마지막 추수를 향한 충만한 부흥)으로서 다윗의 장막의 영 안에서 연합으로 금식과 기도하기 위하여 모이는 것에 의해서 "성전을 지키는" 하나의 영속적인 장엄한 집회로서 하루에 24시간 기도하는 기도실을 캔사스시티에 설립하는 것. 하나님께서 캔사스시티에 그의 능력을 놀라웁게 베푸신 후 열방에 기도의 집들을 세우기 위하여 팀들을 보내는 것. 선두주자의 영이 하나님의 은혜 안에서 금식생활(마 6)의 상황 가운데 역사하는 것과 신랑과 왕과 심판자로서의 예수님의 아름다움을 선포함으로 다른 사람들을 전심을 다하는 사랑을 가지고 살아가도록 준비시키는 것.

*주말에 아이합(IHOP)을 방문하기

하나님을 만나는 예배들: IHOP-KC에서 매주말 – 갱신, 확신, 원기회복, 수여, 그리고 훈련한 이러한 IHOP-KC에서의 주말 모임들에서 베풀어지도록 우리가 기도하는 것이다. 매주 금요일 밤에는 마이클 비클(Mike Bickle)이 하나님과의 친밀함과 관련된 주제들에 관해서 가르친다. 매주 토요일 밤에는 마지막 때와 관련된 주제들에 대하여 가르친다. 매주일에는 예배와 교육을 위해서 IHOP-KC 스텝들과 합류한다. 어린이들을 돌보아주는 프로그램이 있다. 하루 일정의 세미나들이 토요일에 열린다.

상세한 내용들과 방문자의 숙소 문제와 우리 스텝에 합류하는 일이나 수련 프로그램들이나 성경학교에 출석하는 것에 관한 추가 정보를 위해서는 www.IHOP.org를 방문하길 바란다.

*기도, 금식, 그리고 지상명령

오늘날의 교회는 열국 중에서 낫을 기다리는 영혼들의 추수를 시작하기 위해서 계속적인 기도와 금식과 함께 동원될 필요가 있다. 캔사스시티에 있는 그의 선교본부에서의 마이크 비클의 확실한 사역은 이 시대의 가장 큰 필요에 대한 답을 준다.

– 잭 헤이포드 (Jack W. Hayford), The Church On The Way

위임명령은 금식을 동반한 불같은 계속적인 기도에 의해서 연료가 공급될 필요가 있다. 수백만의 영혼들에게 다가가는 것에 대한 우리의 가장 큰 효율성은 우리의 사역이 기도와 금식에 의해서 잠기게 될 때만 보게 될 것이다. 캔사스시티에 있는 마이크 비클의 기도 사역은 마지막 대 추수의 완성에 매우 중요하다.

  - 빌 브라이트 (Bill Bright), Campus Crusade for Christ

마지막 대 추수는 계속적인 기도와 금식에 의해서 지원될 필요가 있다. 캔사스시티에 있는 마이크 비클의 중보기도사역들은 위임명령을 완수하기 위해서는 없어서는 안 되는 것이다.

  - 로렌 커닝햄 (Loren Cunningham), YWAM

평생 동안 선교사로 헌신한 사람으로서, 나는 그리스도의 몸이 실제적으로 기도하는 집이 될 때, 인류의 전망이 극적으로 달라질 것을 생각하지 않을 수 없다. 마이크 비클은 우리들에게 이 사실에 대한 확신을 주기 위해서 모든 것을 해왔다. 나는 충심으로 이 놀라운 일을 추천한다.

  - 피터 와그너 (C. Peter Wagner), Leadership Institute

마이크, 당신은 그를 사랑하는 백성들 위에 밤낮으로 임하여 있는 그의 임재를 위한 하나님의 마음의 욕구를 성취하는데 도움을 주고 있다. 아이합 선교본부에서 당신이 개척하고 있는 것은 열국에 다가가려고 열심히 일하는 모두에게 매우 큰 중요한다. 부디 당신의 예배와 기도의 등불이 계속해서 빛나기를!

  - 잔 도우슨 (John Dawson), YWAM

우리나라와 세계의 영적 각성은 하늘의 그릇들이 예배와 중보기도를 통해서 끊임없이 채워지지 않는 한 지탱될 수 없다. 지금은 예전보다 더, 어떤 영향을 끼치기 위해서 우리에게 밤낮으로 기도가 필요하다. 명령을 이루도록 돕는 마이크 비클에게 감사한 마음을 전한다.

— 더취 쉬츠 (Dutch Sheets)

WWW.IHOP.ORG에서 IHOP-KC를 방문하세요

만인의 기도하는 집 선교기지의 웹사이트는 브라우징이 쉽게 디자인되어 있다. 우리는 다음과 같은 우리 공동체의 여러 부문들을 하나의 종합 사이트에 통합했다:

- 아이합 (IHOP)
- 한 가지 (Onething)
- 어린이 사역센터 (Children's Equipping Center)
- 선두주자 사역학교 (Forerunner School of Ministry)
- 선두주자 음악학교 (Forerunner Music Academy)
- 요셉의 사람들 (Joseph Company)
  - '비즈니스 및 직장사역'
- 행사 및 회의 (Events & Conferences)
- 인턴쉽 훈련 프로그램(Internships & Training Programs)
- 오메가 코스 (Omega Course)

위의 것 모두는 www.IHOP.org라는 우리의 친근하고도 기억하기 쉬운 웹주소에 있다. 당신이 IHOP을 방문하는 것에 관심이 있든지 없든지 간에, 선교기지 Podcast를 받는 것, 서점을 훑어보는 것, 생방송 Webcast들을 시청하는 것, 또는 온라인 전자수업에 등록하는 것 등, 우리 웹사이트는 당신이 필요로 하는 정보를 전해주고 당신의 마음을 충족시킬 많은 기회들을 제공하고 있다. 로그인하면 볼 수 있는 훨씬 더 많은 전체적인 IHOP 자료들과 함께, 우리의 웹사이트가 앞으로의 몇 해 동안 계속적인 자료공급처가 되기를 희망한다. 다음은 우리 웹사이트에서 할 수 있는 것들 중의 일부이다.

- 아이팟 방송 (Podcasting)
- MP3 다운로드 (MP3 Downloads)
- 포럼 (Forums)
- 무료와 유료 웹방송 (Free & Subscription-based Webcast)
- 설교와 교육 노트 (Sermon & Teaching Notes)
- 장거리 전자통신교육 (eSchool Distance Learning)
- 인턴쉽 훈련 신청 (Internship Applications)
- 기도실 블로그 (Prayer Room Blogs)
- 온라인 서점 (Online Bookstore)

www.IHOP.org로 방문하십시오!
(모든 연령층을 위한 3개월과 6개월 간의 아이합 단기 수습 프로그램들)

각 단기 수습 프로그램은 기도 모임들, 강의실 훈련, 실제적인 사역 경험, 관계와 팀 만들기, 회의들, 실제적인 섬김, 그리고 하나님 말씀 안에서의 훈련을 포함하는 동일한 기초 훈련 요소들을 가지고 있다. 각 훈련 프로그램은 IHOP-KC 기도실에서 갖는 기도 모임들에 정기적으로 참여하는데, 예배팀에 합류하는 것, 부흥을 위한 중보기도, 개인 연구와 경건의 시간을 포함한다. 기도실에서 보내는 시간은 매주 당 15시간에서 25시간 정도이거나 더 많다. 우리의 훈련은 넓은 영역의 주제들을 포함하는데, 그것들은 그리스도인의 기초, 기도, 예배, 하나님과의 친밀함, 그리스도의 신부, 예언, 치유, 잃어버린 자와 가난한 자들을 위한 봉사활동 등이다.

아이합에 대한 소개 과정 – 기혼이든 미혼이든지 상관없이 아이합에서 제공하는 모든 것을 배우고 경험하기를 원하는 모든 연령층을 위한 3개월 훈련 프로그램 (기도, 예배, 친밀함 등)

시므온의 사람들 (50세 이상) – 기도와 금식과 예배를 통하여 예수님을 철저하게 섬기기 원하여 그들의 희망 속에 은퇴하기를 거절하는 사람들을 위한 3개월 훈련 프로그램

한 가지 단기수습과정 (18-25세) – 찬양인도자, 음악사역자, 중보기도자, 그리고 전도자들을 위한 6개월 낮시간 훈련 프로그램. 이 프로그램은 숙박과 일주일의 18끼 식사가 포함되어 있음.

심야의 불 (18-30세) – 심야 시간(자정부터 새벽 6시까지) 내내 기도할 사람들을 세우는데 초점을 두고 있는 3개월 훈련 프로그램. 이 프로그

램은 숙박과 일주일의 18끼 식사가 포함되어 있음.

여름 십대 단기수습과정 - 여름 동안에 십대들을 예언적인 예배, 중보기도, 예수님과의 친밀함에 익숙하도록 준비시키는 3주 프로그램. IHOP-KC의 가족들로부터 거처들이 제공됨.

FORERUNNER SCHOOL OF MINISTRY (FSM)
선두주자 사역학교

Redefining Theological Education Through Night and Day Prayer
(주야 기도를 통하여 신학교육을 재정립하기)

Passion for Jesus: The Forerunner Ministry: Centrality of Scripture:

(예수님을 위한 열정: 선두주자 사역: 성경의 구심성:)

Community of Believers: 24/7 Intercessory Worship: Evangelism and World Missions:

(신자들의 공동체: 7일 24시간 중보예배: 전도와 세계선교)

Ministry in the Power of the Spirit

(성령의 능력 안에서의 사역)

선두주자 사역학교(The Forerunner School of Ministry)는 기도, 예배, 그리고 선교 운동으로 나아가는 정규 성경 학교임. 1, 2, 3, 4년제 학습 프로그램들이 있음. 하나님의 말씀과 성령의 능력에 전념함. 예배 인도자, 설교자, 목사, 전도자, 음악사역자, 중보기도자들을 위한 훈련 제공.

5 Distinct Schools (5개의 특수 학교들):

School of Apostolic Preaching (사도적 설교 학교)

School of Worship & Prayer (예배와 기도 학교)

School of Healing and the Prophetic School of Biblical Studies (치유와 성경연구의 예언자적 학교)

School of Missions (선교학교)

Forerunner Music Academy (선두주자 음악학교)

FORERUNNER MUSIC ACADEMY (FMA)
선두주자 음악학교

선두주자 음악학교는 예언적인 기름부음 안에서 능숙하게 연주하고 수행하는 음악사역자와 찬양인도자들을 훈련하는 정규과정의 음악학교 임. 아이합의 주야로 계속되는 기도와 예배의 환경 속에서 높은 수준의 음악훈련을 받는 종합과정을 제공함. 다윗왕은 예언적인 음악과 노래들이 하나님의 능력을 풀어놓는다는 것을 이해했음. 그는 4,000명의 정규직 음악사역자들과 수백 명의 예언적인 찬양자들이 그들이 시온의 기도들을 노래할 때 주야로 하나님을 응시하도록 그들에게 돈을 지급했음. 이것이 그들의 삶에 있어서 주된 직업이었음. 그들은 다윗의 장막에 고용되었는데, 그것은 7일 24시간 동안 계속되는 결코 중단되지 않았던 중보기도와 예배가 함께 결합된 것이었음.

PURE  NARD

PURE  NARD

PURE  NARD